Christine Le Bozec
Les femmes et la Révolution: 1770-1830

女性たちのフランス革命

クリスティーヌ・ル・ボゼック
藤原翔太｜訳

女性たちのフランス革命

目次

第II部　革命期の女性たち

はじめに

一八世紀の啓蒙時代に、女性は解放されていたとは言わないまでも、自由であったとよく言われるし、その点についてはは合意さえつくられているようだ。逆に、民法典が女性を永遠の従属者に変える前から、フランス革命は、女性がすでに保持してきた権利や、それまでに獲得し、進展させたものを彼女たちから奪い去ったとみなされてきた。こうして後には濃いネガ像ができあがった。

このような説を立証するのに、サロンを主宰する女性たちが好んで引き合いに出されてきた。思想家、画家、俳優、啓蒙思想家、知識人や作家と、要するに、その時代の知的、芸術的、科学的な世界に何らかの形で関わるすべての人々を迎え入れた教養ある女性たちのことである。これらの聡明な人々の集まりのなかで、彼女たちは確かな知的権威を備え、本物の自由を享受していたようにみえる。

しかし、彼女たちの活動がどれほど典型的であったかという問題がただちに生じよう。このことは、当時の女性たちの現実を反映していたのであろうか。ごく一部の女性が解放されていたにすぎなかったのか、あるいは、より広範な女性たちの解放に向かうポジティヴな進化の始まりであったのだろうか。これらの名高いサロンを主宰した女主人たちはあくまで例外にすぎず、当時の女性たちの境遇と彼女たちに残された可能性の明白な現実を覆い隠してはいないだろうか。

啓蒙時代のいく人かの女性が享受していた自由をことさら強調し、彼女たちの自立を称賛し、彼女

ロラン夫人

シャルロット・コルデ

オランプ・ド・グージュ

テロワーニュ・ド・メリクール

たちが振るう力や知的な影響力を過大に見積もることは、革命という時代の価値を失わせるためにまず用いられる常套手段となった。何度も繰り返し述べられてきたこの理屈は、一八世紀という時代が女性に与えた自由を強調することで、逆に、その自由が、女性を蔑視する革命の傲慢な道徳上の厳格主義のために粉砕されて、女性たちが家庭に送り返されたことをいっそう際立たせることになった。

こうした事情を考え、革命への女性たちの参加、そして彼女たちの果たした役割、その条件を検討する前に、まずは啓蒙時代の女性たちの置かれた現実を冷静に見定めなければならない。女性たちの行動が引き起こした困惑、反発、批判をも考慮に入れ、彼女たちの要求がどの程度、周囲に受け入れられ、インパクトを与えたかを検討するためにも、極めて重要な作業となるはずである。

加えて、古くから注目を浴び、たえず参照されてきた著名な四人の女性のイメージを越えていかなければならない。ロラン夫人、シャルロット・コルデ、オランプ・ド・グージュ、テロワーニュ・ド・メリクールである。確かに、これらの女性たちを避けて通ることはできないが、それでもまるで彼女たちが、革命期の女性全体を代表するかのように論じ、革命に自ら参加した大勢の女性たちを無視することになってはならない。

シャルロット・コルデやオランプ・ド・グージュとは反対に、警察史料だけがその名前を明らかにし、革命への積極的な参加や関与の度合いを証言してくれる民衆層の女性たち、一時的な評判を得た名もなき女性たちは、今では完全に忘却され、歴史の舞台から姿を消し去っている。

もしこの四人が名声を博したパリジェンヌであったとしても、女性たちの行動は革命期のフランス全土で展開されていた。パリが政治世界の中心として革命の原動力をなしたことは確かだが、研究史においては一貫してパリがその象徴として過大にあつかわれてきたことは確かである。一九八五～一九九〇年に刊行された、革命への女性たちの参加を明るみに出した先駆的な著作は、パリの女性運動に取り組んだので、地方の研究は後景に退かざるをえなかった。しかし、その後、諸県の史料が少しずつ調査の対象とされるようになってきた。それはまず、フランス南東部やルーアン、ル・アーヴルなど北部、レンヌなどの西部から始まり、今日ではより広く、フランス全土に広がりつつある。

首都の増大する中央集権的な役割は、ときに、パリで繰り広げられた女性たちの行動が地方の諸事件に先立ち、それに行動指針を与えたかのように思わせる。しかしながら、革命への女性たちの参加は、パリの運動のみでみられたわけではなかった。

新聞やテレグラフが、パリの事件について僅かな時間のズレをともなって情報を与えたとしても、多くの場合、女性たちは首都を模倣し、追随することだけでは満足しなかった。彼女たちは、地方や地域に特有の必要に応じて、独自の要求を掲げていた。それでも、「地方の特異性にもかかわらず、公共空間で自分たちの声を聞かせるために、女性たちによって同じ戦略が用いられた」のである[1]。同じく、女性たちが同一の要求をかかげて熱狂的に一致団結したようにみえたとしても、そこで「女性」全体が語られてはならない。実際、反革命もまた、彼女たちの関与するところであったし、彼女たちはそれに、男性と同じぐらい多様な動機で参加していた。

運動の激しい燃え上がりにもかかわらず、女性たちはその後すぐに歴史の外へと追いやられた。多くの男性革命家には確かな進歩がみられ、女性に対する複雑で両義的な態度もまた疑いようがない。しかし、女性の地位を踏み潰す民法典の重しは、続く三〇年もの間、彼女たちを昏睡状態に置くことで、抱かれたばかりの希望に終わりを告げたのである。

しかし、まずは、これまで随分と注目されてきたサロンの女主人について再検討することから始めよう。当時の習慣、活動、関心事、興味の中心を明らかにするために、彼女たちが招待し、議論を活気づけた才能豊かな人々の集まりをみてみよう。そして、サロンの様式を検討し、女主人たちの現実の権威がどれくらい通用していたかを明らかにして、フランス革命前夜の女性たちが身を置いた現実の診断書としたい。

第Ⅰ部　フランス革命前夜の女性たち

第1章　女性とサロン

デファン夫人、ジョフラン夫人、タンサン夫人、ネッケル夫人、スタール夫人、レスピナス嬢。彼女たちは、一八世紀啓蒙時代フランスの文化的で知的な生活を代表する女性たちである。女性解放のシンボルと目され、文化が花開いた時代の鏡でもあるこれらの才能溢れる女主人たちは、招待する人々を選別しながら、自らの「世界」を切り盛りした。彼女たちは「主人」のように振る舞って、著名なサロンを支配した。そこでは、思考の自由、教養、進歩、熟慮が保証され、人間の開花、すなわち成熟しつつある新たなヒューマニズムの発展がその目標に掲げられた。

サロンの精神

サロンは礼儀正しき優雅な場であった。そこでは「上品なマナー」に従って、議論が戦わされ、情報が交換され、愛想よく、礼節を重んじる交際がみられた。扱われる主題や争点は多岐にわたったが、口論や恨み節や辛辣な批判は固く禁じられた。常に穏やかに、冷静に議論し、攻撃性を排して、言葉の挑発を避けるのが「マナー」であった。議論が白熱して対立した場合でも、婉曲な言い回ししか認められなかった。激しい口論はその場にふさわしくなかった。論争を引き起こしそうな問題やテーマが論じられるときには、女主人が参加者の発言を差配して、みなが礼儀正しく、気品ある口調で議論するように目を光らせた。

議論のテーマは、文学や哲学から、ジャーナリズム、道徳、演劇、芸術、技術的な知識や科学的な思考まで幅広かった。宗教や政治が正面から論じられるのは避けられたが、節度を保ちながら、自由や権力、社会制度一般に関する期待や不安、啓蒙主義が希望を抱かせた無限の進歩について論じられた。

「文学サロン」や「会話サロン」と呼ばれたこれらの交流の場では、三つのタイプの参加者がみられた。第一に、予告なしに参加できる常連客、第二に、不定期に招かれる客、第三に、セレモニーの主催者が特別に招待した「その他の人々」である。ただし、宮廷の浮薄さとは対照的に、学究的な精神が刻まれた人々の閉鎖空間がサロンの特質をなした。

これらの閉鎖的で選別的な場に招かれた「特権者」とは反対に、教養はあるがサロンに呼ばれなかった人々は、ル・プロコップのような文学カフェに赴いた。そこでは公衆が好きな時間に赴いて、時宜にかなったテーマについて議論を交わした。

確かに、サロンは一八世紀よりも前から、最も古くは一七世紀の初めには、すでに存在していた。それでも、サロンがとくに流行したのは一七七〇～一七七五年のことで、パリでは六二のサロンが数えられた。もちろん、すべてのサロンが同程度の重要性を持ったわけではない。サロンの影響力は、常連客の知名度、論じられるテーマ、女主人の嗜好と関心、そしてより卑俗には、参加者を歓待できる彼女たちの資力によって大きく異なった。要するに、間食や豪華なディナーを用意して、招待客に施される気前の良さが大切であった。

女主人の財力や参加者の知名度がどうあれ、そのようにして、サロンに「社交界の文化(1)」が組み込まれていった。それは伝統的に、サロンを主宰する女性たちのものであった。まれに、いくつかのサロンは男性が主宰し（たとえば、ドルバック男爵やラ・プープリニエール）、あるいは夫妻で主宰された（アンヌ＝カトリーヌ・ド・リニヴィル・エルヴェシウスとクロード＝アドリアン・エルヴェシウス）。それでも、そのような先駆的で名高いサロンと並行して、一七世紀から継承された実践を維持し、発展させ、様式を決定づけたのはやはり女性たちであった。

伝統の継承者たち

一七世紀の初頭から、極めてフランス的な伝統が形づくられた。多くが女性たちによって主宰されるサロンで、秩序立てられ、抑制され、枠にはめられた会話の伝統である。最初のサロンは、一六〇八年に、カトリーヌ・ド・ランブイエによって始められた。彼女はランブイエ・マレルブ邸に、著名人をあげれば、ラカン、ヴォジュラ、ヴォワチュール、コルネイユ、ラ・ロシュフーコー、セヴィニエ夫人、ラファイエット夫人を招いた。

最も人気を博したサロンのうち、スキュデリ嬢のサロンは一六五二年から、「土曜会」を開いて才能豊かな人々を招待した。スキャロンもサロンを開いたが、当時の知的エリートが彼の邸宅に足繁く通い始めたのは、フランソワーズ・ドービニェ（のちのマントノン夫人）と結婚してからのことであった。友人のニノン・ド・ランクロによって支えられた若き一六歳のフランソワーズは、刺激的な魅力と才気とユーモアに溢れた女性で、間違いなく夫の成功の立役者であった。男性によって主宰されたそのサロンは、女性のおかげでやっと輝きを手に入れることができたのである。

その後、他にも多くのサロンが成功を収めた。たとえば、マルグリット・ド・ラ・サブリエール、「ラ・グランド・マドモワゼル」と呼ばれたアンヌ＝ルイーズ・ドルレアン、ラファイエット夫人、マリー＝マドレーヌ・デギヨン、サブレ夫人、ジェヌヴィエーヴ・ド・ロングヴィル、アンリエット・ド・ラ・シュズ伯爵夫人、マリー・デ・ロージュ、アンヌ＝マリー・ビゴ・ド・コルニュエルのサロンがあげられる。

サロンが流行したのは一八世紀前半である。デュ・メーヌ公爵夫人、ジャンヌ・ド・プリ、スタール男爵夫人、ジャンヌ・モニク・デ・ヴューのサロンが人気を博し、ランベール侯爵夫人とタンサン夫人のサロンがいつも客で溢れかえった。

世紀の後半になると、流行は絶頂に達した。とりわけ三つの有名なサロンがあげられる。一つはデファン夫人のそれで、ヴォルテールは彼女に向けてこう書き送っている。「美しく明晰であるというのはまさにあなたのことです。論じることを恐れないでください。あなたの気品に才知を結びつけるのを恥じないでください」。サン・ドミニク通りの彼女のサロンは最も魅力的な一つであったが、ジュリー・ド・レスピナスと仲違いし、縁が切れると、レスピナス嬢は伯母〔デファン夫人〕のサロンから多くの作家や百科全書家を離れさせた。そのなかにはダランベールもいた。ところが、彼女は十分な収入がなかったので、デファン夫人が招待していた三〇人から四〇人の客については、引き込むことができなかった。

逆に、最富裕層のジョフラン夫人は、「月曜会」や「水曜会」を開いて、常連客を盛大にもてなした。芸術をテーマに掲げる「月曜会」では、とくに豪華な夕食が供せられた。ジョフラン夫人は、権威主義的な思考の持ち主で、彼女なりの厳格な基準を設けて、活動、出自、知名度に注意を払いながら招待客を選別した。また、思慮深く、如才ない経営者でもあった彼女は、好機とみるや、ためらうことなく絵画を売ったり転売したりして、招待客の才能を金に換え、多くの利益を手にした。

これら三人の女主人は確かに強い影響力を持ったが、それでもパリの知的生活をすべて独占していたわけではない。他の多くのサロンも、当時の才能豊かな人々を集めていた。なかでも、デピネ夫人、デュパン夫人（彼女の美しさと知性はルソーを魅了して、しばらくの間、サロンに足繁く通わせた）、ドゥーブレ・ド・ペルサン夫人、キノー夫人、グラフィニ夫人、シャトレ夫人、ランベール侯爵夫人、ソフィー・アルヌー、シャルロット・ド・モンテッソン夫人、アデライド・デュフレノワやシャルロット・ド・ブーフレのサロンがあげられる。

フランス革命前夜にすでに巷で評判の知識人だけでなく、将来、革命の諸事件が存在を世に知らしめ、社会に認めさせ、あるいは排除することになる、才能ある人々を集めていたサロンも一瞥しておこう。最も注目されるのは、ネッケル夫人（ジェルメーヌ、のちのスタール夫人の母）のサロンと、「オートゥイユ会」と呼ばれ、一七九四年から一八〇二年にかけて、イデオローグを輩出したエルヴェシウス夫人のサロンである。最後に、アデライド・ド・フラオー夫人や、豪華な「ギリシャ風」の夕食を提供したヴィジェ＝ル・ブラン夫人のサロン、そして、ソフィー・コンドルセ夫人のサロンをあげておこう。それらはすべて、旧体制末期の知的生活の様々な党派を代表するサロンであった。

ルイ一六世の治世下に、パリで数えられた六二のサロンのうち、三分の一はサン・ジェルマン界隈とパレ・ロワイヤル地区に集中した。もちろん、評判はまちまちであった。幅広い常連客を集めるか、あるいは同じ業種の人々を集めるかは女主人が決めた。同様に、サロンの雰囲気や方針も、女主人が哲学を好むか、あるいは百科全書、科学、演劇、文学を好むか、はたまたより広く一般的な知識を望むかによって左右された。客が複数のサロンに通うことは許されていた。そのため、ダランベール、ボワシ・ダングラス、カバニス、カロンヌ、ケリュス、シャンフォール、クレロン嬢、クレビヨン息子、デステュット・ド・トラシー、ディドロ、フランクリン、ガリアーニ神父、グリム、エルヴェシウス、ロメニー・ド・ブリエンヌ、マリヴォー、マルモンテル、モルレ、ネッケル、レナル、サン・ランベール、シュアール、テュルゴ、ヴォルテールなど、著名人が様々な場所で交際していたとしても何ら驚きではない。

一八一二年に画家のルモニエが、悲劇俳優のルケンによって読み上げられたヴォルテールの戯曲から名前をとって描いた《中国の孤児》（次頁の図）で証言しようとしたのは、このような特異で、優雅で、柔和な雰囲気であった。[2] そこには、一七五五年、ジョフラン夫人のサロンに著名な啓蒙主義者五五人が一堂に会する光景が描かれている。[3] この絵画を発注したのは、前皇后のジョゼフィーヌであった。それは、「彼（ルモニエ）が選んだ一七五五年という時代のフランスで開かれた、あらゆる著

ルモニエ《ジョフラン夫人のサロンで開かれた、ヴォルテールの悲劇『中国の孤児』の読書会》（1812年）

名人の集会を眼前に浮かび上がらせる」ためであった。一七七〇年にローマ賞〔建築、絵画、彫刻、版画に与えられる王立アカデミー主催の賞〕を受賞したルモニエは、一七六五年からすでにジョフラン夫人のサロンに通っていた。この若き芸術家を売り出したのは彼女であった。それから半世紀が経ち、年老いたルモニエは、過ぎ去りし世界に憧憬を抱いていた。それは、啓蒙主義と教養人が重きをなし、理想や進歩や希望が大いに語られた青春時代へのオマージュか遺言書であったろうか。それとも単に、消え失せた、幻想的な過去へのノスタルジーにすぎなかったのであろうか。

　こうしてみると、文学者、啓蒙思想家、詩人、演劇人、俳優、政治家、学者たちは、サロンの女主人の気まぐれな態度や風変わりな振る舞いを受け入れて、彼女たちの権威を認め、尊敬し、さらには崇めていたようにさえみえる。タンサン夫人が自分の「ペット」と「小動物園」について語ったとき、あるいはデピネ夫人が、飼っている「熊」のなかでも、最も飼いならすのが難しいのはジャン＝ジャック・ルソーという「不平家」であると述べたとき、一同が喝采したのである。ここでは果たして現実が語られているのであろうか。それとも、微笑ましいフィクションにすぎなかったのであろうか。

権威か、社交界の慣例か

しばしば権威主義的で野心的でもあったこれらの女性たちは、議論のテーマを選び、討論を取り仕切り、発言を差配したが、その際、彼女たちは男性の後見的監督から完全に免れていたようにみえる。しかしながら、サロンは公共空間とは異なり、あくまで当事者間の同意に基づく、内側の特異なルールに従う閉鎖的な私的空間であった。そこでは、すべての参加者が平等に扱われるフリーメイソンの会所《ロッジ》やアカデミーの様式に倣って、一種のコード化されたゲームが展開された。いったん会合が終わり外に出るや、参加者たちは階級や身分といった階層で組み立てられた現実を思い出し、各々が帰属する階層社会のふさわしい位置に再び身を落ち着けた。平等の幻想は儚く、自身の「巣窟」では絶大な権力を振るったこれらの女性たちでさえ、日常生活に戻れば、因習の現実にぶつからざるをえなかった。

女主人たちの知性、感性の鋭さ、教養に対して感嘆し、礼儀にならって彼女たちに付き従ったサロンの常連客の振る舞いに、社交界で尊ばれるマナーや彼らの深い思考のしるしをみてとるべきだろうか。それともそれは、大げさに演じられた優雅な態度にすぎなかったのであろうか。

当時、多様な才能の持ち主たちは、何よりもまず、宮廷に招かれるのを期待していた。しかし、それを除き、自分の意見を述べて、輝くことができるのはサロンだけであった。要するに、自由な言論空間をなしたサロンは、彼らが名声を得ることのできるまたとない機会であった。

身分制の制約を免れたブルジョワ・エリートは、サロンで貴族との見かけ上の平等を享受できた。そこでは、堅苦しい雰囲気や王族のまなざしを避けて来た宮廷の常連から、文学界、芸術界、カフェに通う人々、政治家や優雅な場所を出入りする者たちまで、多様な混成社会がつくられていた。そのうえ、公共空間では検閲の厳しい目が向けられた著名人であっても、そこでは何も恐れずに、自由に意見を述べることができた。自分の行為を正当化しようと訪れたスウェーデンのグスタフ三世のような君主を受け入れて、政治的な性格を強めたサロンも現れた。

そのような「社交界の文化」は、世論の形成にも深く関わり、反響室の役割を果たした。シルヴァン事件とカラス事件の際に、ヴォルテールはサロンを利用して、事件に対する公衆の強い関心と幅広い支持を喚起した。したがって、サロンの「常連客」は女主人を都合よく利用することで、そこに関心をみつけたのである。

一八世紀の後半には、能力に長けたブルジョワジーが台頭した。しかし、彼らは身分制によって社会的上昇が阻まれ、聖職、政治、軍事の要職を手に入れることができず、強い不満を抱いていた[4]。身分制のくびきでつながれた第三身分は、どんなに才能があり、どんなに教育を受けようとも、貴族出身者より下位のポストに甘んじなければならなかった。そうしたなか、ブルジョワジーにとってサロンは、宮廷の外で輝き、成功し、名声を手に入れるための素晴らしい巻き返しの機会と映った。

一七七〇～一七八〇年代に、貴族とブルジョワの両エリートにとってサロンとは、可能な共存域としての見かけ上の平等を夢見させるものであった。貴族身分を与える官職が買われていた時代、Danton の代わりに d'Anton と、ブリッソの代わりにブリッソ・ド・ワルヴィルと署名するのが好まれていた時代のことである。ボワシ・ダングラス[*1]が、妻の伯父の土地を相続すると、ルイ一六世の弟プロヴァンス伯付きの司厨長（maître d'hôtel）という純粋に名誉的な官職を購入するのを決心した、そんな時代のことであった[(5)]。ところが、フランス革命の最初の月々は、これらの融合の考えが妄想にすぎなかったことをただちに悟らせた。

　では、サロンに通ったこれらの人士は女主人についてどのように書いていたのだろうか。ここで扱う事例は、彼らが生きた世界の偏見、ア・プリオリな判断、精神構造を無視しがちな時代錯誤に陥らないように気をつけて読み込むことで、それらの奥にある傾向を明らかにしてくれる。ここでは状況が詳しくわかる著者を取り上げたい。すべてを網羅することはできないが、少なくとも合理的な選択がなされている。実際、これらの文書や書簡は明らかに、女主人についての個々の見解よりも、女性像一般について考えさせてくれるものである。

　確かに、いくつかの小冊子、パンフレット、著作では、彼らの礼儀正しく、恭しい、誠実な態度が証言されている。しかし、そのような認識は簡単に覆される。これらの私的閉鎖空間において、常連客が、コード化された社交界のたわいのないゲームにうわべでしか賛同せず、しぶしぶ受け入れていたことは明らかである。そこには三つの潮流がみられる。

　第一に、エルヴェシウス[(6)]とドルバック[(7)]は、女性の本性となおざりにされた女子教育とが混じり合う影響を明らかにした。さめたまなざしを持つ現実主義者のディドロは、エルヴェシウスの『人間論[(8)]』に注釈をつけながら、他に何も付け加えようとはしなかった。

　第二の潮流は、ルソーが主役である。彼は女性の生まれつきの劣等性を主張した。なぜなら、本性の欠陥を直すことなどできないのであるから。レチフ・ド・ラ・ブルトンヌ[9]とシュアール[10]も同じ潮流に位置づけられる。ルソーはこう述べている[11]。

女性の教育はすべて男性に関連させて考えられなければならない。男性の気に入り、役に立ち、男性から愛され、尊敬され、男性が幼いときは育て、大きくなれば世話をやき、助言を与え、慰め、生活を楽しく快いものにしてやる、こういうことがあらゆる時代における女性の義務であり、女性に子どものときから教えなければならないことである（中略）。女性が男性に服従することは自然の秩序のうちにある（中略）。服従は女性にとって自然の状態なので、女子は服従するように生まれついている。

結果として、女性には最低限の教育を与えれば十分であった。なぜなら、女性は高度な考察や抽象的な論理、一般的な思考に対して全面的に無理解であるとされたからである。「考える技術は女性にとってどうでもいいことではないが、女性は理論的な学問は初歩的なことだけですませるべきだ。ソフィーは何でもよく理解するが、たいしたことは覚えない」。

ルソーにとっては常に、「最も誠実な女性とは、最も語らない女性」であった。ダランベール宛の手紙のなかで、「でしゃばりな女は不名誉である」と、彼は締めくくっている。

筆で生きる女性を嫌ったレチフに倣って、シュアールは、「本性の逸脱」、「青鞜（bas bleus）」、「おとこおんな」、「魅力なし」、さらには「両生動物（être amphibie）」という文言を用いながら、才能と魅力を分離させようとした。「もし美しい女性になれていたら、打算から作家になり、自分の才能だけを魅力として愛して欲しいとまで考える女性がいるとお思いか」。レチフとシュアールには、女性としての存在と才能の概念を分かつ二分法の溝がみられた。なぜなら、女性に才能を認めるや、女性性は否定されるのであるから。これらすべての人が、足繁くサロンに通っていたことを指摘しておこう。

第三の潮流は、本性には言及せず、むしろ女子教育の凡庸さを強調する。教育を受けた女性たちが自分たち男性の地位を脅かすようになりはしまいかと恐れた男たちを皮肉りながら、これまでの社会における女性の地位が不十分であったと糾弾するような人々である。

たとえば、ダランベール、ショデルロ・ド・ラクロ[12]、ルイ＝セバスティアン・メルシエ[13]、ラ・ポルト[14]は、女性の勇気や強靭さを評価して、正しい教育を与えさえすれば、女性が男性の後見的監督から逃れることができると考えた。その一方で、彼らのより入念な論証は、女性が男性と平等になり、さらには女性によって乗り越えられることを恐れる男たちの不安、危惧、恐怖を嘲っている。彼らは疾患特異性的に傷を抉った。ショデルロはこう書いている。

男たちは女たちが、自分たちを理解するのに十分な知性を持つことを望んでいるが、あまりにも知性を備えて自分たちと競合し、才能の平等を示すことまでは少しも望んでいない。(中略)男たちはみな、名声を得ようとする女たちをおとしめる傾向を心の奥底に持っている。(中略)女たちのまばゆい勝利は、男たちの傲慢さと自由にとって、ひどく憂慮すべきものである。

排他的な男性中心主義の矛盾《アポリア》を標的にして、彼はさらに追及する。「男は女を丸々支配下に置こうとし、彼女だけに備わった名声を容認するのも、自分がそれを明言し、確信を抱くときだけである」。コンドルセは教育を女性解放と男女平等の基礎とみなしていた。極めて少数の意見ではあったが、彼は革命以前にすでに、男女平等の原理を主張し、女性の投票権を要求していた。[15]

サロンに通うためには、コードを守らなければならなかった。そのため、多くの男性は女性に対する偏見をサロンの入り口に置いて、女性についての考えをあえて喋ろうとはしなかった。したがって、「女性の本来持つ弱さ」に関する議論の責任をルソーだけに負わせてはならない。女性たちの発言、要求、行動に恐れをなした多くの男性革命家たちは、政治生活への彼女たちの参加を制限するために、すぐにルソーの御託を根拠にしようとしたのである。

歴史学の世界であまりにもよく取り上げられてきたごく少数のサロンの女主人を、自由で解放された一八世紀の女性の典型像とみなすのは、偏向的で、部分的な解釈にすぎない。革命前夜、フランス王国は二六〇〇万人の住民を数え、うち女性は一四〇〇万人を占めていた。人口の一五%だけが都市部で生活していた。六〇〜七〇万人の人口を要するパリで、サロンを主宰したのはわずか六二人の女性であった。したがって、これらのサロンを例外とみなす方が理にかなっている。サロンは終わりゆく一八世紀の女性たちの現実の条件を何も反映してはいなかった。

女性解放と自由のモデルとしてサロンを提示することで、逆に、フランス革命がそのような自由を奪い去ったと主張しようとする者たちの、限定的で短絡的な理解こそ、ここでは問題視せねばならない。それには、これらの歴史上の誤解を脱神話化して、サロンという社交界から離れ、より具体的な現実を理解しようと努めなければならない。つまり、女性たちの日常に注目し、社会で営まれる関係と社会全体における女性の位置、女性たちが諸制度と結んだ関係を理解し、彼女たちの権利や生計手段、許容された職業や活動、要するに、女性たちの社会的地位と家族の経済状況に関わるすべてを明らかにしなければならない。

第2章　女性の権利と従属

妄想にすぎなかった一八世紀の女性の権利

一八世紀の女性の権利を語るのは、この時代、「女性」と「権利」という二つの言葉が矛盾したものであるだけに、奇妙な逆説をなしている。法的には、少女、若い娘、妻または母親が語られるとしても、女性は永遠に男性の後見的監督に従い、依存する「未成年者」とみなされていた。つまり女性はまず父親の後見的監督のもとに置かれ、父親が亡くなると兄弟の、ついで夫の、最後に寡婦になると息子や甥に服従した。

私的空間に閉じ込められ、公共生活から排除された女性たちは、遺言を残すことも、出廷することも許されず、要するに、彼女たちは遺言書を作成することも、男性の同意なしに法廷に立つこともできなかった。したがって、女性たちは財産を移譲することも、相続人を指名することも、男性の承認なしに商取引の契約を交わす資格さえ持たなかった。ただし、彼女たちは裁判所の前で証言することはできたが、百科全書の「女性」の項目では、「彼女たちの証言は軽く、変わりやすいものであるとみなされる」と記されていた。

ゆとりがあり、確かな財産を持つ寡婦であれば、極めて限定的ではあるが、男性の後見的監督から逃れ、自由を手に入れる場合もあった。このごくわずかな可能性は、正確に言えば、彼女たちの権利が「すべて」でないとしても「ほぼ」不在であり、ごく少数の場合にしか認められなかったことを示している。大多数の場合、女性であることは、人生の間ずっと男性に服従し、何をするにも男性に弁明しなければならず、常にその監視下に置かれ続けることを意味した。

女性は完全な権利を有する個人とはみなされず、男性に劣り、市民社会の外側に置かれ、私的空間に閉じ込められて、まったくの自立が認められなかった。家庭では、女性は家事にいそしむ人、それも、法的な根拠が男性によって保証されてのことであるが、母もしくは主婦として認められるだけの存在である。

結果として、寡婦の身分だけが小教区の家長を集める住民総会に女性が参加することを認めさせた。実際、寡婦は投票権も有していた。家長を務め、人頭税の対象でもある寡婦は、陳情書の作成にも全国三部会に向けての選挙にも参加することができた。ところが、彼女たちはよく選挙を棄権したので、実際に出席したり署名したりするのは珍しかった。彼女たちはこれらの問題が男の領分に属していると考えて、その権利を長男か甥に委ねていた。

ところが、このような傾向がすべての女性にみられたわけではない。パリでは実際、服飾商、羽根細工商、花屋を営む女性たちの同職組合のメンバーが、自分たちの陳情書を作成した。しかし、彼女たちの陳情書は第三身分の陳情書にも、首都の陳情書にも加えられなかった。以下の文言からは、彼女たちの失望が垣間みられる。

同職組合（服飾、羽根細工、花屋）は、国王の命令に敬意を払い、全国三部会の開催に向けて、当初の王令によれば、招集が同職組合ごとになされるはずであったにもかかわらず、実際には地区ごとでなされたことに対して、反対しようとはしませんでした。しかし、多くの構成員を擁するこの組合は、毎年、国王に親方税、その他、多くの税を支払っていますから、代表者を選出することを望みうると考えた次第です。

一七八九年一月から、同職組合は『国王宛の第三身分女性の嘆願書』を書き送り始めた。

女性たちは自分たちの声を聞いてもらうことができるでしょうか。（中略）我々は、陛下の善良な御心が、自然が女性に恵み与えた才能を存分に活かせる手段を我々に与えていただけることを望んでいます。（中略）我々は、男たちの権威を簒奪するためではなく、男たちからより多くの敬意を払われるために、知識を身に付け、職を手にするのを望んでいるのです。

そして、多くの陳情書の苦情に倣い、このような言葉を吐いている。「フランス人は自由な人民であると言いますが、一三〇〇万人の奴隷が一三〇〇万人の専制君主によって、恥ずかしくも鉄鎖で縛りつけられている状態が認められるのです[1]」。

一七八九年にコワシ夫人は、それらを要約して、すでに一七八五年に自らが表明していた不満を再び述べている。

女性たちはフランス王国に暮らす人々の半数を構成しています。しかし、何世紀も前から、女性たちは国家において何ものでもありませんでした。彼女たちは巧妙な手段や魅力を使ってしか、それらの重大事に影響を与えることができませんでした。しかし、告白しなければならないのは、そのおかげで、しばしば、それらに良い結果がもたらされてきたのです。

そこにはシェイエスの影響がみてとれる。「第三身分とは何か。すべてである。現在まで政治秩序において第三身分とは何であったか。何ものでもなかった。では、第三身分は何を求めるか。何ものかになることを」。

王権は女性たちに陳情書を作成するよう促したにもかかわらず、これらの要求にまったく耳を貸さなかった。数少ない女性たちの陳情書は、パリ、マルセイユ、ダンケルクなどの都市から出されたものである。それらは一七八九年六月に、作成者たちの強い要求を受けてようやく公式の陳情書に組込まれたので、女性たちの不満や憤慨は遅れて伝わることになった。

女性たちの陳情書の要点をまとめると、女子教育の設立、女性の身体と財産に対する男性の排他的支配の廃止、離婚制度の設立、起訴陪審と無罪陪審への参加権が掲げられていた。全国三部会の開催前夜に、陳情書の雛形が全国で出回っていたことは確かである。女性たちの陳情書もまた、骨子は同じで、要求も似通っているので、諸都市や諸地方で書き写されたものであろう。たとえば、今日本物であることが判明している、コー地方のB・B夫人によって作成された陳情書（一七八九年）の例があげられる。[2]「貴族が平民を代表できず、平民が貴族を代表できないことが正しく論証されるとき、男性が女性を代表することもまたできはしません」。さて、シャラ出身のヴィニュラ夫人は、B・B夫人のテクストを真似て、一七九〇年に『シャラント県の女性たちの陳情書』を作成し、それを流布させた。「あなた方、不公正で馬鹿げた慣習に縛られている地方の女性市民たちよ」[3]。

最後に、身分制社会では、生まれの特権が支配していたことを思い出しておこう。封土を相続した女性たち、または宗教共同体で暮らす貴族女性たち、より広くは特権身分に属するすべての女性たちは、国王によって、その身分のなかで意見を表明することが認められていた。したがって、修道女と貴族女性の地位は第三身分の男女の上位に位置づけられたのである。もちろん、彼女たちもまた、貴族であれ聖職者であれ、特権身分の男性には常に劣る存在とみなされていたのだが。

相続財産の分割における慣習には、女性に対する搾取的な性格を備えるものもみられた。ノルマンディーの慣習はまさにそれである。父母の相続財産の大部分は長男に譲り渡され、次子たちは残りを分割したが、娘たちは「婚資」しか要求することができなかった。つまり、彼女たちは長男（兄弟）が結婚の持参金として持たせるのに同意する分しか期待できなかった。その原則は平民一般に適用された。もし平等への配慮から、一七八九年にいくつかの陳情書がより均等な分割を要求したとしても、いかなる場合にも、男女間の平等分割の可能性が想起されることはなかった[4]。

したがって、男性の優越は、身体の弱さから保護を求めて永遠に従属する女性たちの現実を自然に反映したものであるようにみえた。大多数の女性たちもまた、男性への服従を受け入れて、当然とみなしていた。男性支配の起源と理由について自問した女性はまれであった。その稀有な例がシャトレ夫人である。

知力が男性と非常に似通うこれらの被造物（女性）は、なぜ、抗えない力によって立ち止まるのか、我々はその理由を述べることができましょうか。（中略）もし私が国王であったなら、私は人間の半分を排斥するこの濫用を改めさせるでしょう。私は女性たちに人間のすべての権利、とりわけ知性の権利を与えるでしょう。（中略）私は、多くの女性たちが不十分な教育のせいで、自分の才能に気づけないままでいること、そして、思い込みや意気地なしのために、その才能が埋もれたままであることを確信しています。

総じて、摂政時代を除き、女性は政治権力から排除され、宗教権力によって重い烙印を押され続けた（知識を身に付けることを奨励されたプロテスタント女性を除く）。社会は女性を充実した教育から遠ざけ続けた。

女性が男性に従属することも、男性より劣る地位につけられることも、憤慨を引き起こすことはほとんどなかったし、あってもごくわずかであった。一握りの作家、聖職者、医師、演劇人だけがこの主題を扱ったが、あくまで少数に限られた。

実際、一六七三年から一七八九年にかけて、その問題をはっきりと取り上げた著者は、せいぜい十数人しか数えず、うち三人は女性であった。[(5)] 啓蒙思想家に限れば、彼らはほぼ全員その問題を想起していた。ときには、その主題を取り上げる戯曲やオペラがみられたし、女性たちが編集する新聞の創刊がごくわずかな収穫に加わった。なかでも、プーラン・ド・ラ・バールは、[(6)] 年代的には最初期の著者であるにもかかわらず、女性問題について最もラディカルとまでは言わないが、最も辛辣な著者の一人であった。

フェミニズムの先駆者

果敢に時代の逆流を走ったプーラン・ド・ラ・バール（一六四七〜一七二三年）[*1] は、長らく、最も反体制的で、革新的で、反順応主義的な真のフェミニズムの先駆者とみなされてきた。カトリック聖職者の身分からプロテスタントに転じ、ジュネーヴに逃れる前に妻帯した彼の主張は、おそらく、シモーヌ・ド・ボーヴォワールを喜ばせたであろう。なぜなら、彼は、「女性は女性として生まれたのではなく、女性になったのである」と、ボーヴォワールに先んじて主張していたから。一六七三年に、偏見から懸命に解放されようとした彼は、「本性」に基づく無知から引き出される女性の「劣等性」に関する偏見を告発した。さらに彼は、分野ごとに逐一、女性に関する常套句を取り上げて、論破していった。彼曰く、「女性はほぼすべての職（科学、医療、司法）に就く能力を備えている。なぜなら、知性は少しも性別に関わりないし、彼女たちと我々男性に共通しない徳は少しもないからである」。

男性の後見的監督から逃れるためにも、彼は女性たちに自ら生計を立てることができるよう勉学を勧めた。「学識者にも無知な者にも、学問や行政、その他の様々な職業の門戸が女性に閉ざされているのは神の配慮の結果であるという考えが染み付いている。法律はすべて、男性が現在手中に収めているものをひたすら守るために作られているようにみえる」。
ところが、導入部分から、彼は女性に注意を促してさらにこう述べる。

この臆見（女性の劣等性）を検討してみると、それが偏見と民衆の因習とのうえに築かれた誤謬であることが明らかになる。（中略）両性が平等だということ、すなわち女性も男性と等しく高貴であり、完全であることを人は知る。（中略）学者たちによる証明はまったくの妄論である。両性の平等という見解が実証的な根拠に基づいて確立された後では、しばしば非難される女性の欠陥などというものはないのだということが立証されるであろう。そのためにはまた次のようなことも示しておかねばならない。つまり、女性の欠陥なるものは空想上のでっちあげであり、取るに足らぬものであるということ。それはただ女性に施される教育にのみ由来するものであるということ。そしてまた、それらの欠陥とされるものは、女性においては、彼女たちのかなりの優秀さを示しているのだということ、以上のことである。（中略）女性を自分と等しい仲間として扱っている男性に反対して立ち上がるために本書を利用しようとする女性は、まったく分別を欠いた女性と言うほかない。

彼は、一方では、当事者意識を持たない女性を批判したが、他方では、擁護する男性に対してさえ、過激化して抗議しようとする女性が現れるのを警戒した。

一六七三年から、プーランは踏みならされた道から外れ、自らの主張に同時代人を狼狽させて、あらゆる偏見を打ち破ろうとした。そのため、最も先鋭的なフェミニストにとってさえ、時代錯誤のリスクを冒さずに、彼の主張に何らかの批判を加えるのは難しい。

先駆者であるプーランは、同時代人に対しても、その時代の精神構造にも、ただちに明白な影響を与えることはなかった。のちに書かれた作品（オペラの台本がその問題を真正面から扱うには三〇年、新たなエッセーが書かれるには五〇年待たなければならなかった）でも、その主題は扱われたが、以前のような危険で、ラディカルで、「革命的」な話にはならずに、より穏やかに、慎重に論じられた。

一八世紀後半に、フェミニズムが少しばかり前進した一方で、医学的な言説はその思考の完全なる反転を引き起こした。一七七五年に、医師のピエール・ルーセル(7)は、女性の弱さの理由として、特異な性格、貧弱な知性、集中力の欠如と非合理的な情動を「科学的」に正当化しながら、「女性の本性」論を支持した。彼の省察はフェミニスト的な主張を萎《しお》れさせるのに貢献した。革命家たちはこれを利用して、女性たちに対する不信をすぐに正当化しようとした。

同じく、一七七八年からエルヴェシウス夫人のサロンに通っていたカバニス医師(8)は、同意に関する省察を理論化するために、女性の「本性」的な弱さに関する考察を推し進めた。彼によれば、女性は居場所を自ら選択し、公的生活を進んで男たちに委ねたという。なぜなら、女性は「私的生活を自らに割り当てた」からである。女性は自らの限界を悟って、穏やかさと慎み深さだけを求めることにし、誰からの強制を受けることもなく、このような境遇を受け入れた。フランス革命以後の教育と医学の重要な改革者であるカバニスは、一九世紀の間、女性に向けられるまなざしに決定的な影響を及ぼした。したがって、生理学は女性蔑視を強める結果となった。タンサン夫人は皮肉交じりに嘲弄している。「まるで神が男性であるかのように、我々女性は扱われています」。

権利を持たず、せいぜい男性の補完物とみなされ、最悪、劣った存在とみなされる女性たちの境遇に、ほとんどの人は関心を持たなかった。法的に女性の境遇が提起されたとしても、不平等の原因は常に、女性たちの生活のゆとり、豊かさ、貧困の問題にされ続けた。

実際、家族の出自と日常の経験から、女性たちが仕事や教育にアクセスできるかどうかが決まった。特権身分の女性を除き、ほとんどの女性は若い頃から働いていた。したがって、全国の一四〇〇万人の女性のうち、八五%を占める農婦についての執拗なステレオタイプから脱さなければならない。要するに、男性が農作業に精を出している間、ぬくぬくと暖炉の横で煮立ったスープの鍋をみて、子どもたちに囲まれて、末っ子の面倒をみながら、機を織り、衣服を繕う、そんな女性たちのステレオタイプである。

おそらく、それはごく少数の裕福な農家の女性の場合にすぎなかったはずである。大多数の農婦はむしろ、より厳しい日常生活をすごしていた。彼女たちは畑仕事にいそしみ、家畜を所有していれば、その世話をし、鋤で野菜畑を耕した。貧困から決して遠くない彼女たちは、ほぼ自給自足の生活を営みながら、税を支払うために、何とかやりくりしていたのである。

都市部の民衆層においても、女性の労働は一般的であった。しかしながら、女性たちがごく一部の職業にしか携わっていなかったと考えるのは間違いである。たとえば、洗濯屋、自宅で営む仕立屋、紡績工、行商人、使用人（すなわち、召使い、料理人、乳母、メイド、従者）、木材や石炭を運ぶための日雇い労働者があげられる。彼女たちは常に貧困の瀬戸際にあった。家や農場から逃げ出した若い娘であれば、ときに売春婦にならざるをえなかった。

実際には、何千人もの女性たちが百いくらの熟練労働に従事していたが、指導する立場に就いた者はほとんどいなかった。職人に仕える労働者、店員、非常にまれだがアトリエの女主人もいた。それらの緻密な仕事は、手先の器用さと正確さを求めていた。たとえば、紡紗工、絹織工、レース編み女工、刺繍職人、ズボン製造職人、毛皮服仕立人、毛皮の加工のための皮革業労働者である。モード産業もまた、細心綿密に注意を払われた仕事を要求していた。たとえば、手袋製造業、メリヤス製造業、羽根や真珠の取り付け、扇子の彩色、金銀細工業、装身具製造業、帽子製造業、製靴業、長靴職人、飾り紐製造業である。

高級家具、陶磁器の彩色の分野でも、女性労働力の需要は高かった。彼女たちの器用な手先を評価して、貴金属業は武具の研磨工として、出版業は経師、干し係、紙折り工、仮綴係として女性たちを雇用した。そのうえ、この部門では企業経営者の寡婦もよくみられた。職人仕事以外にも、女性たちは多様な商売仕事に就いていた。八百屋、果物屋、花屋、市場の店の女将、古着屋や新聞の呼び売りなどがあげられる。

ところが、職業が何であれ、女性の給料は一般に男性の半分以下であった。そのため、男たちは給料が低い女たちを不当な競合相手としかみなかった。いずれにせよ、家で編み物を縫いながら家事をするだけでなく、女性たちは労働世界にも身を置いていた。女性労働が、生きていくために働かなければならない独身女性のことであったのは繰り返すまでもない。そのうえ、彼女たちの給料は家計の足しとなるので、家族から歓迎され、不可欠なものでさえあった。

その一方で、労働に携わる女性たちを、自分たちの運命を決して改善しようとしない受動的な存在とみなしてはならない。女性たちによって扇動され、率いられた暴動、民衆騒擾、反乱、農民一揆、蜂起、反抗が、数世紀も前から頻発していた。飢饉から生じた暴動であれ、穀物価格の高騰に対する蜂起であれ、女性たちは「食糧一揆の大部隊（全体の七五％）」を構成していた(2)。女性たちは同様に、同職組合に反対して労働の自由を要求し、検察に抵抗し、男たちに続くよう呼びかけ、ついて来なければ、彼らの意気地なしを罵った。当然、言葉や身体の暴力は女性たちの労働世界にも存在した。それらは当局に対して向けられることもあれば、競合する女性労働者間で生じることもあった。

女子教育

このような厳しい生活に、女性の従属の元凶である不十分な教育の問題が加わった。実際、裕福な家庭では、少女や若い娘は従順な伴侶となって、将来の夫の自慢の妻となるための限定的な教育しか受けさせてもらえなかった。彼女たちの才能は故意に「貧弱」にさせられていた。彼女たちは一般に、読み書きそろばん、歌唱、刺繍、楽器の演奏や、ときに外国語（イタリア語、スペイン語、まれに英語）を学んだ。しかし、修得された知識を職業のために用いようとする者はおらず、せいぜい上流社会の暇つぶし程度であった。このような限定的な教育は、男性に対して主導権を取ろうなどとは考えないお飾りとして、男性の役に立つ母親や妻を育てる以外の目的を持たなかったし、女性解放といった知的な空想をすることなど思いもよらなかった。

女子教育ではとくに母親の役割が重視された。家庭教師や貴婦人の付き添い女性は、母親になるための基礎を若い娘たちに教えた。若い娘たちはより上級の教育施設に通ったり、数年間、修道院で生活したりすることもあった。その一方で、不十分な教育のために社会で凡庸な役割しか与えられてこなかった女性の地位に甘んじないで、自らの知識、才能、作品、書き物によって輝きを放つ女性たちがいたことを忘れてはならない。

しかしながら、若い娘たちに教育を与えようとする者はほとんどいなかった。針仕事や機織り、畑仕事はすべて、家で経験的に学ぶことができると考えられた。いくつかの救済院と孤児院では、家事に必要な技芸や針仕事が教えられた。彼女たちのタダ働きの成果が施設の利益となった。主任司祭が若い娘たちに読み方の基礎を教える珍しい小教区もあったが、一般に、このような初歩的な教育は少年たちを対象にしたものであった。女性が字を読めて何になろうか。聖書を読むために読み方の勉強を促すプロテスタントの家族を除き、男性に比べて女性の識字率は低いままであった。

農家の若い娘たちは字を学ぶ時間をほとんど持たなかった。ただし、ゆとりのある農家では、行商を通じてトロワの青本叢書〔庶民向けの廉価な書物〕を手に取ることができた。それらの廉価本は短編を扱い、レシピ、格言、健康法、天気の諺からなる一種の暦書が付いていた。それらは、甘ったるい小話、騎士道物語、奇跡譚、聖人の冒険譚と、説教くさく、伝統を重んじる話で構成されていた。

各話はいつも同じ二つの結論を下していた。すなわち、神への服従だけが報われること、そして生まれにふさわしくない行動を取ったり、そこから逃れようと欲したりすると、男であれ、女であれ、必ず罰が下されるというものである。

しかしながら、青本叢書がある程度成功したとしても、女性の識字率の遅れは明らかであった。それは一八世紀の目覚ましい進展にもかかわらず、三重の格差に苦しんでいた。まず男性に対する一般的な遅れ、ついで都市部に対する農村部、最後に、北仏に対する南仏の遅れが加わった。全国で、男性の四七％と女性の二七％だけが婚姻証書に署名できた。サン＝マロ－ジュネーヴ線の北側では、男性で七一％、女性で四四％にのぼっていたが（農村部に対して都市部での著しい進展）、南側では、男性の二七％、女性の一二％しか署名できなかった。

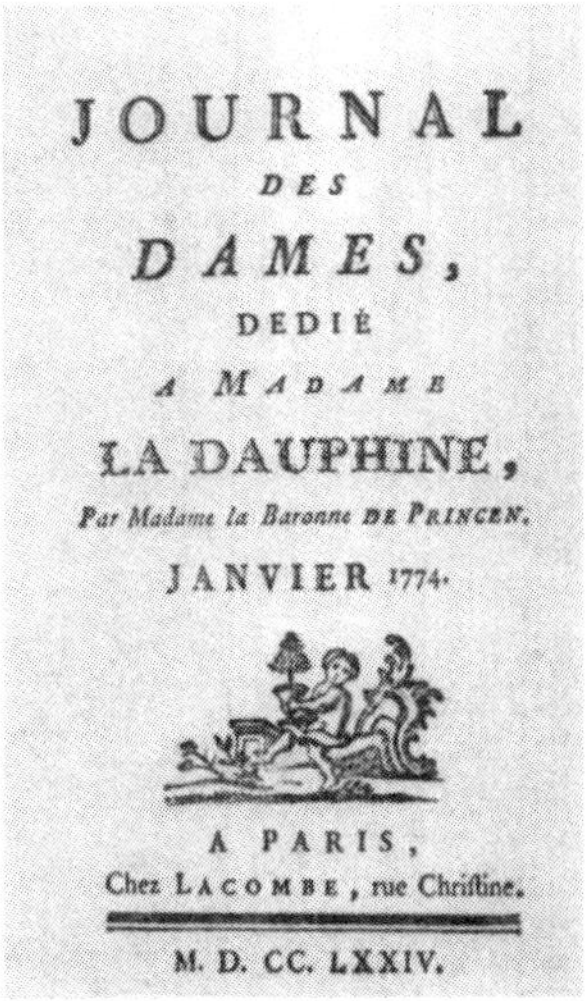

フェミニスト思想の普及に貢献した『ジュルナル・デ・ダム』

ところが、全国で比較してみると、公正証書に署名できるパリの女性は注目すべき割合に達している。すなわち、男性九一％に対して、女性の八〇％が遺言書を作成し、署名できた。配偶者の死亡後の財産目録では、男性六一％に対して女性六六％がそれらを作成している（女性は一般に男性より長生きした）。全国的にも、パリの相対的な進展は、無料や有料の教育施設が緊密に張り巡らされていたおかげであった。実際、人口六〇～七〇万人のうち、一万一〇〇〇人の生徒が何らかの教育施設に通っていた。

こうした状況は、いく人かの個性豊かな女性たちに、出版に携わることを可能にした。たとえば、『ラ・スペクタトリス』紙は、一七二八年から一七二九年にかけて、バルビエ嬢にコラムを任せた。彼女はそこで結婚制度を告発し、哲学的な主張を繰り広げた。有名な月刊紙『ジュルナル・デ・ダム』紙は大部分が女性たちによって執筆され、一七五九年から一七七八年にかけて、女性解放を掲げるフェミニスト思想の普及に貢献した。一七六一年には、およそ三〇〇〇人の読者を持ち、真のフェミニズム運動の発火点となった。

それでも、女性の法的身分を改善することなど問題にはならなかった。労働と教育は、想像力を発揮し、責任を引き受けるだけの能力を振るおうとする女性たちの個人的な冒険心をせいぜいくすぐる程度でしかなかった。

第3章　自立へのほんのわずかな可能性

技芸と仕事で生計を立てることで男性支配から解放され、社会の障害を乗り越えて完全に自立したようにみえる女性たちがいた。ときに、彼女たちは大きな成功さえ手に入れた。すなわち、画家、作家、女優、オペラ歌手、歌手、音楽家、劇団役者、ダンサー、婦人帽子屋、劇場支配人である。

これらの女性たちは新たな時代の心性を予告していたのか。それとも単に、かなり特異な一握りのケースにすぎなかったのか。彼女たちは意図して男性支配から逃れようとしたのだろうか。それともそれは、芸術や教育の分野におけるように、特異な才能と訓練が求められた結果にすぎなかったのであろうか。

女性画家

女性画家と言えば、すぐに思い浮かぶのがエリザベト＝ルイーズ・ヴィジェ＝ル・ブランである。(1)

彼女は他に例をみない象徴的な女性画家であった。確かに、彼女の浮世離れした波瀾万丈な人生、王妃との近しい関係、諸国漫遊、君公のような暮らしぶり、そして、何があっても変わらない旧体制への忠誠心は、当時、同様に権威を獲得していた他の一級の画家たちを霞ませるほどであった。

一七七八年から仕えていたヴィジェ＝ル・ブラン夫人を王立絵画彫刻アカデミーの候補として支持したのは、マリー・アントワネットであった。しかし、それは「反性的」キャンペーンをはっていた王室建造物局総監ダンジヴィレの意見に反していた。それでも、社会で認められた才能豊かな女性画家のように、彼女もまた一七八三年にアカデミーへの入会が認められた。

女性に対するマルサス主義的政策[*1]で名高いアカデミーへの入会が許されたことは、重要な社会的公認にほかならなかった。実際、いろいろあって、一七七〇年に、アカデミーは女性会員数を七〇人から四人に大きく減らしていた。

もともと、女性画家は専門職の身分を享受していた。しかし、一七七六年にテュルゴが親方身分と同職組合を廃止すると、絵画彫刻親方組合、いわゆるサン・リュック・アカデミーも廃止され、彼女たちは身分を失った。それ以来、彼女たちは商人を介して作品を販売し、あるいは直接個人の注文を引き受けざるをえなかった。

それでも女性画家は、ルーヴル、コレスポンダンス、ジュネスのサロンや、サン＝リュック・アカデミーが閉鎖されるまでは、そこで作品を展示できた。彼女たちは経済的に自立し、社会で認められ、人気も高かった。しかし、彼女たちにとって不愉快極まりない性差別による禁止事項に縛られていた。たとえば、ローマ賞コンクールへの参加資格は認められず、ヌードデッサンは禁じられ、当時流行していた歴史画の理論教育を受けることさえ許されなかった。女性が王立学校で教壇に立つことなど論外として、アカデミーの第一クラスは閉ざされていた。彼女たちには静物画と肖像画だけが認められた。そのため、彼女たちは自画像の分野に打ち込んだ。その結果、一七七〇年から一八〇四年にかけて、女性画家の姿を描いた六〇点以上の絵画がサロンで展示されている。このジャンルは思いつきで選ばれたわけでは決してなく、ある重要な意義があった。

女性芸術家は自画像を描くことで、女性の身分についての根本的な問題を提起した。彼女たちは主題として認められることで、女性に期待される礼儀正しさや慎ましさといった性別に基づく「約束事」から解放されることができた。主題であり、行為者でもある女性芸術家は、あくまで女性として表象されたが、創作者としての個性を示すことができた。(2) さらに言えば、女性画家は自画像を描きながら、アリストクラート〔貴族〕の無為な生活を告発した。彼女たちは教養と才能があり、自ら生計を立てるブルジョワジーの側に立ったのである。結局、女子教育を行うこと自体、挑発的で恥知らずとみなされたこの時代に、女学生に取り囲まれることなど、大胆極まりなかった。

ヴィジェ゠ル・ブラン以外にも、いく人かの女性画家が、芸術、社会、経済、権利要求のすべてに関わる彼女たちの全体像を示してくれる。ヴェネチア出身で、フランスでパステル画を始めたロザルバ・カッリエーラは一七二〇年にアカデミーに入会した。ヴィアン夫人は一七五七年にカッリエーラの代わりに入会を認められた。アンヌ・ヴァライエ゠コステは、王妃に支持されて、一七七〇年にアカデミー会員になった。ディドロは一七七一年のサロンで、「自然が信じがたい力強さで描写されている」と述べて、彼女の才能を高く評した。マリー゠スザンヌ・ロスラン（マリー゠スザンヌ・ジルースト嬢）は一七七一年にアカデミーに入会するも、翌年亡くなった。

ドラヴィル《黒人女性の肖像》（1800年）

ギアール《絵画を描く女性》（1785年）

一七八三年に入会した「夫人たちの画家」アデライド・ラビーユ＝ギアールは、九人の女学生に絵画を教えた。そのなかには、将来、名声を博するマリー＝マルグリット・カロー・ド・ロズモンとマリー＝ガブリエル・カペがいた。ギアールが一七八五年に制作した《絵画を描く女性》（右上図）のなかで、自身の傍に描いたのはこの二人である。

最後に、マリー＝ギユミーヌ・ルルー・ドラヴィル、将来のブノワ夫人は、一七八六年にジュネス・サロンに自身の作品を出展したとき、わずか一七歳であった。彼女の《黒人女性の肖像》（左上図）（これは奴隷制を非難する作品とみなされている）は高く評価され、その後、彼女は帝政期に輝かしい経歴を辿った。フラゴナールの弟子マルグリット・ジェラールと、ダヴィドの弟子で、一七九三年にダントンの義兄弟と結婚したコンスタンス・シャルパンティエは、ともに賞や報奨金を手にして、経済的なゆとりを得た。最後に、ローズ・デュクルーとジャンヌ・ベルナールを思い起こしておこう。あまり知られてはいないが、彼女たちもまた定期的にサロンに作品を出展していた。これらの女性画家は極めて多くの収入を得ていたので、窮乏に追い込まれやすい女性作家とは対照的であった。

一八世紀の女性作家

かつてのサロンの常連で、フェミニストのフォルチュネ・ブリケは、『フランス人とフランスに帰化した外国人の歴史・書誌・文学事典』において、一七七〇年から一八〇四年までに、三三〇人の女性作家を数えている。また、ルイーズ・ド・ケラリオ(3)は、一七八六年から一七八九年にかけて、一四巻にのぼる『フランス人女性に捧げられ、女性たち自身によって創作された秀作コレクション』において、女性作家の目録を作成した。より最近の歴史家は当時の女性作家の数を五三一人としている。作家から誹謗文の作者や雑文家、単なる筆まめな人まで幅広く、また貴族や大ブルジョワジーから中流ブルジョワジーや窮乏する小貴族まで、彼女たちの社会的出自は様々であった。それでも共通点としては、いつも実入りが悪かったということである。

実際、一八世紀には、女性作家の小説が急増した。一七〇〇年から一七五〇年にかけて刊行された作品は一〇〇〇以上を数え、世紀後半になるとさらに二倍に膨れ上がった。世紀前半に、タンサン夫人やイザベル・ド・シャリエールが描いた自伝小説に続いて、書簡体小説が文学ジャンルの市民権を得た。リコボニ、グラフィニ、スーザ、クリュドネ、コタン、グージュら、成功を博した女性作家たちは、今日、「ベストセラー」と呼ばれる作品を立て続けに生み出した(4)。デファン、デピネ、ジョフラン、エルヴェシウス、ウードト、レスピナス、ソフィー・ヴォランら、著名なサロンの女主人や、オペラ歌手のソフィー・アルヌーとアントワネット・サン・ユベルティの間で交わされた書簡にインスピレーションを受けて、書簡体こそが作品の真実味を強めることができると考えられたからである。

ところで、なぜ彼女たちはこのジャンルに熱中したのであろうか。実際、小説は前世紀から批判の対象となり、軽蔑され、中傷され、そうでなくともさめた反応にぶつかっていた。要するに、小説は低俗で、栄光を勝ち得ず、したがって男に値しないジャンルとみなされた。男たちは横柄で軽蔑的な態度でこれらの感傷的な小話の分野を女性に委ねた。自然により「近い」女性が、感情、情念、悩みを描写するのに必要な感受性を備えていると主張した者たちもいた。たとえば、ラ・ブリュイエールは、「女性はものを書くことにかけては男性に優っている」と述べている。ところが、そのような考えは諸刃の剣であった。ボワローが小説をマイナー文学とみなしたように、小説に対する軽蔑を秘めた寛大さにほかならなかったためである。

いずれにしても、一八五〇年代に流行したフランソワーズ・ド・グラフィニの小説のように、これらの著作の多くは、何度も版を重ねてフェミニズム思想の尖兵と化し、いく人かの個性的な女性たちに筆で生計を立てることを可能にした。しかし、細々と暮らし続ける女性作家も当然ながらいた。文学で名を馳せた女性たちが、劇、歌、ダンスの分野と同程度の名声、栄光、富を手に入れることは決してなかった。

女優、ダンサー、歌手

女優、ダンサー、歌手などの女性たちは、ちやほやされ、法外なギャラを手にし、上流社会と交際しながら贅沢な暮らしを送ることができた。その一方で、彼女たちは、悪魔的で、自己顕示的で、大いに非難される生活を送ったとして、同僚の男性と同じく教会から破門された。死に際して、彼ら彼女らには終油の秘蹟が拒まれて、夜間にキリスト教徒の墓地の外に埋葬された。そのうえ、結婚したければ、舞台から去らなければならなかった。両性の平等が実現されたほぼ唯一の事例である。

それこそ、たくさんの財産、名声、後援を手に入れ、人気を博したオペラ歌手であろうと、まったく無名の女優であろうと、同じ運命が待ち構えていた。女優の例としては、コメディ・イタリエンヌのランジュ、デュボワ、ベランクール、デュガゾン、コメディ・フランセーズのルイーズ・コンタ、サン＝ヴァル嬢、フランソワーズ・ロクールがあげられる。有名ダンサーのマリー＝マドレーヌ・ギマール、ドロテ・リュッジ、ローズ・ヴェストリ、人気オペラ歌手で一七七八年に引退したソフィー・アルヌーや、ダントレーグ伯爵と結婚した猛烈な反革命主義者のアントワネット・サン＝ユベルティも同じ運命を辿った。なお、ダントレーグ伯爵は一七九二年に反革命の陣営に与《くみ》している。

これらの「スター」や「アイドル」はしばしば下層階級出身であったが、舞台で成功して社会的上昇と経済的自立を手に入れた。彼女たちは、多くの芸術家の窮乏生活からはほど遠い、贅沢三昧の生活を送ることができた。もちろん、「歌姫」の地位を手にしたのはごく一部で、実際には他の多くの女性たちは旅回りの舞台で細々と暮らし、一座の主人の意に従い、生きていくには売春も辞さない境遇に置かれていた。

波瀾万丈な人生を送ったこれらの女優たちとは反対に、経済的に自立した別の女性たちがいた。家庭教師と教師である。彼女たちは裕福な家や施設で働いて生計を立てながら、質素な生活を送っていた。

大勢の家庭教師と教師

女性教師の多くは独身であった。みな、給料をもらっていたが、生活は不安定で、雇い主の無理な要求にも従わなければならなかった。それでも彼女たちは経済的な自立を手に入れた。様々な地域研究を総括すると、三〇〇〇～四〇〇〇人もの貴婦人の付き添い女性、朗読係、家庭教師、または歌、デッサン、言語、育児を教える女性教師が、貴族や裕福なブルジョワジーに仕えていたことが明らかになっている。上流社会の女子だけの教育施設では、女性教師は、社交界で望まれるお飾りで、従順で慎ましい、良き妻を育てることを念頭に、生徒を指導した。彼女たちの報酬は大した額ではなかったが、二人の例外がいた。マリー・アントワネットの朗読係を務め、帝政期には女子だけの上級教育施設を指導したカンパン夫人、オルレアン家の子どもたちの家庭教師を務め、のちに作家としてフェミニズムの主張を展開し、回想録の刊行によって名声を得たジャンリス夫人である。

女性教師のなかには、学術協会によって企画されたアカデミーのコンクールに参加したり、「ジュ・フロローの名誉会員（maîtresse des jeux floraux）」〔ジュ・フロローは一四世紀頃にトゥールーズに設立された由緒ある文学アカデミー〕の肩書きを摑んだりして、さらなる成功を手に入れる者もいた。(5) それは、社会で認められ、男の世界に参入するための洗練された方法であった。何年か経つと、彼女たちが論じる主題は幅を広げ、詩や絵画、哲学的な論争、社会的・政治的な組織のあり方や女子教育と、多岐にわたった。一六九九年から一七九〇年にかけて、アカデミーと学術協会は四九人の女性に懸賞を与えている（何度も受賞した女性がいたので、実際には二四人）。確かに、懸賞を与えられた男性が二三〇〇人であったから、ごく少数だが、それでも注目すべき数である。そもそも、このような男の世界で、女性たちにコンクールへの参加が認められたこと自体、極めて重要なことであった。

その一方で、一七八〇年代には、男社会に入り込む別の方法を選んだ女性たち、とりわけ貴族出身の女性たちがいた。その方法とは、男女混成、あるいは女性限定の会所《ロッジ》によって、フリーメイソンの社交の場に受け入れてもらうことであった。それらの活動は会所《ロッジ》とアリストクラートの世界の緊密な関係を証言している。(6)

女性たちの特殊な職業活動の考察を終えるにあたり、一七七六年の勅令以前には、女性たちが同職組合から排除されていたことを思い起こしておこう。ところが、実際にはパリでも地方でも、女性だけの同職組合が存在していた。婦人服デザイナー、肌着類製造業者、花屋の同職組合がそれで、経営者は一般に、独身の成人で、男性の後見的監督を免れた女主人であった。テュルゴが同職組合の廃止を決定したとき、女性同職組合の存続をはかろうとした肌着の女性商人たちは、職業とフェミニズムの観点から抗議している。

それは、女性が長になるのを認め、女性たちに自分たちの嗜好と本性に基づく能力が活かせる職業を提供し、年齢を積んでいくにつれ、社会で一目置かれ、貪欲な男性経営者に雇われる必要なく、夫という専制的な同僚にも服従しなくてよい、唯一の商業なのです。

「女性の本性に基づく能力」への言及が示すように、彼女たちはあくまでもその時代の女性たちであった。それでもこのテクストは、伝統的に男に割り当てられてきた指導ポストを引き受けようとする女性たちの経営精神の証言になっている。とりわけ、二人の女経営者の目覚ましい成功はそれを如実に示している。これからみる二人は亡き夫の仕事を引き継いだ寡婦ではない。彼女たちは自ら起業し、一方はモード界で、他方は劇場の世界で活躍した女性パトロンであった。

華々しく成功した二人の女性経営者

モード界で目覚ましい成功を手にしたのは、ローズ・ベルタンである。[7] ピカルディー地方出身で、下層階級の家に生まれたベルタンは、デザイナー兼経営者として、驚くべき経歴を辿った。その一方で、王妃の御用商人でもある彼女は、王妃との近さを利用して、大量に衣服を購入させて国庫を逼迫させたとして、批判もされてきた。ベルタンはパレ・ロワイヤルにあるル・グラン・モゴル店を中心に、モード界で絶大な影響力を振るった。そのうえ、彼女の店には貴族の顧客も好んで訪れたので、

マルグリット・ブリュネ

ローズ・ベルタン

次第に人脈が築かれていった。

ベルタンは経営者としてビジネスの鋭い感覚を持ち、三〇人の女性労働者を雇いながら、一二〇人の納入業者や多くの下請け企業と協力した。彼女は独身で芯が強く、まばゆい社会的上昇を遂げて、女性が自分の力で成功できることを証明した。彼女はかなりの財産を築き、親族もその恩恵にあずかった。しかしながら、彼女の宮廷との近しい関係は革命期に高くついた。それでも彼女は仕事を続け、数ヶ月間亡命したが、テルミドール九日のクーデタを機に早くもフランスに帰国している。

マルグリット・ブリュネ、通称モンタンシエ嬢は、社会的出自や、手に入れた王室の後援とまばゆい権威という点で、ベルタンと似たようなプロフィールを提示している。激動の青春時代を経て、宮廷の演劇の支配人となった彼女は、一七七四年にルイ一六世から九つの劇場の責任を任された。一七七七年に、彼女はモンタンシエ劇場をヴェルサイユに設立した。一七九二年には、ルブラン大臣に仕え、八五人の芸術家と従業員を連れて従軍した後、ブリュッセル劇場の支配人となった。彼女は芸術と革命のプロパガンダの間を揺れ動きながら、かつての宮廷とのつながりを、ついで裏切りの将軍デュムーリエとの近しい関係を世間に忘却させようとした。恐怖政治期に嫌疑をかけられた彼女は数ヶ月間幽閉されたが、テルミドールのクーデタ後にバラスの働きかけで釈放された。そのおかげで活動を再開できた彼女は、演劇界で一目置かれる存在となった。さらに彼女はボナパルトの後援を得て、(8) キャリアを続け、莫大な財産を築いていった。経営から身を引いた後、一八二〇年、九〇歳で亡くなった。

確かに、これらの女性たちの活動は様々であったが、すべて都市部で営まれていたことには留意しなければならない。現実には、このような活動ができた女性は限られていた。実際、革命前夜に、人口二六〇〇万人のうち一五％の住民しか都市部に居住していなかった。大多数の女性たち（農村部の女性たち）は個人的な活動の余地などまったく持たなかった。そのうえ、彼女たちは民法上の諸権利を奪われたままであった。そう考えると、彼女たちがあたかも労働による経済的自立によって、自由で解放されていたとみなすことは、サロンの女主人に関する考察と同じ過ちを繰り返すだけであろう。

限界

これらの傑出した女性たちに対する軽蔑のまなざしはすぐにはなくならなかった。自立を望む女性はすぐに批判された。批評家たちは遠慮なく彼女たちを「結婚できない」老嬢と同一視し、ずけずけと、致命的欠陥のある不幸な女性だと言ってのけた。要するに、貧困のために夫をみつけることができなかったとか、孤児なので婚資が期待できなかったとか、あるいは容姿が酷すぎて結婚などまったく考えられなかったとか評したのである。男に見向きもされない彼女たちは、生計を立てるために自分の知識に頼らざるをえなかったと、男たちは好んで言い立てた。こうして、器量が悪く、自分の知識しか頼りにできない、気難しく、とげとげしい老嬢といった神話ができあがった。彼女たちはまもなく「青鞜」と呼ばれることになる。

こうした烙印は慣用句となり、使い古された評語で止まらなかった。たとえば、女性が数学、化学、物理学、医学、天文学といった科学を学ぶのも悪し様に言われるようになった。原因なのか結果なのか、女性は学術協会に入会することも、大学に通うことも、科学的な職業に就くことも禁じられた。したがって、職人の父親と一緒に働く娘を除いて、女性たちは科学的な器具の扱いを修得できなかった。たとえば、助産師には鉗子《かんし》の使用が禁じられたので、婦人科学の職業では、男性の外科医が幅を利かせ続けた。

そのうえ、女性が知識をひけらかすのは下品な態度とみなされて、嘲弄された。そのため、教養ある女性たちは、男からも女からも、「物知り女」と揶揄された。彼女たちの態度は女性にふさわしくなく、さらには女性に求められる礼儀正しさと慎み深さに反していたので、人々の不安を引き起こした。彼女たちは、確立された知的ヒエラルキーを転覆させ、伝統的な社会的均衡を脅かす悪い見本とみなされた。それだけでなく、彼女たちは恐れ多くも、神の意思で作り上げられた秩序を覆そうとしているのではないかとさえ危惧された。

女性たちの両義的な反応

多くの女性たちは、自らの労働や知識によって解放されようとする一部の女性たち、あるいは、女性に求められる慎み深さに反して、自立を手に入れて男性支配を払いのけようとする女性たちの主張や自惚れた態度に、まったく理解を示さなかった。これら一部の女性たちの態度は世間の教えに反しているとみなされた。伝統的なイデオロギーを疑わない女性たちは、男性に対する劣等性と従属、子どもを産み育てることだけが求められる境遇に満足していた。母親として、家事を切り盛りすることが彼女たちの職分であった。

自立した女性であっても、無意識にそのような偏見を強めてしまう場合もみられた。寡婦で子どもがいなかったコタン夫人[9]は、「女性の義務の大きさは、彼女たちに創造的な作品に取り組む時間を残してくれません」と吐露している。彼女が名声を得ることができたのは、母親や妻の仕事から解放されていたからであった、とコタン夫人は述べている。

それでも、私のことを女性作家の熱愛者だとは思わないでください。私はむしろそれに反対しています。（中略）女性が生まれつき、あれほど優しい気持ちを抱いているのは、ひたすら妻として、母親としての務めを果たすことに、自分たちの幸せを感じさせるためであり、ありとあらゆる種類の才能を奪われているのは、そうでなくてはならない存在以上のものになろうとする、自分たちの虚栄心から出た、虚しい欲求を捨てさせるためだけであると思われます。また、いく人かの女性たちには文筆活動をすることができるとしても、例外としてそうすることが許されているだけであり、また、別の事情があって、同性の残りの人たちの暮らしと同じような、ああいった家事から彼女たちが引き離されている場合だけがそうなのです。そうした場合でさえ、私は彼女たちが力の足らなさを感じ取って、女性としての温かい思いやり、献身、心遣いを必要とする事柄だけに取り組んで欲しいと思います。

グラフィニ夫人とリコボニ夫人[10]は、自分たちが一文なしだったので働かざるをえなかったと説明している。女性が感情と情念を描写するのに優れていると述べる者もいた。ここでも仕掛けられた罠に嵌《はま》っている。ある種の活動には、男よりも女の方が望ましいとする、異なる「本性」の罠である。男性が口を出さずとも、女性自身が自分たちの価値をおとしめ、卑下していたのである。

したがって、これらの原理を覆し、強固に根づく偏見から逃れるには、相当強い気骨を備えていなければならなかった。宗教的な規範、男性の用心深さ、女性の受動的な態度が立ちはだかっていた。そのうえ、女性たちは絵画アカデミーの入会を制限され、アカデミー・フランセーズ、大学、学術協会から排除され、男の仕事に就くことは認められず、歴史の授業への出席もヌードデッサンも禁じられていた。要するに、諸団体のマルサス主義にぶつからざるをえなかったのである。

しかしながら、規範の厳格さにもかかわらず、一八世紀に多くの女性たちが反乱を指導したという事実をみすごしてはならない。

反乱の先頭に立つ女性たち

フランス革命を待たずとも、女性たちは食糧暴動や反税暴動の先頭に立っていた。当局は、過去の時代を彷彿させるこれらの騒擾を、「民衆暴動」、反抗、反乱、蜂起と呼んだ。あまりにも重い租税や食糧価格の高騰に抗議するために、公道に現れた女性たちは殴り合いも辞さない覚悟で当局を激しく糾弾した。[11] これらの「集まり」ではいつも、女性たちの暴力がみられた。ところが、彼女たちが、ときに粗暴で人目を引く暴力を、男女間の政治的平等を実現するために転用することは決してなかった。彼女たちは家に戻るとすぐに、男性の権威と家庭内暴力を再び受け入れた。一八世紀に暴動が激増し、革命が次第に近づきつつあるなかで、女性の境遇は何も変わらず、常に男性の劣位に置かれ続けた。

したがって、革命前夜に、女性たちが自由で解放されていたと主張する人々の言い分と、男性の思うままに従わされた大多数の女性たちが生きた現実の間のズレを強調しておかねばならない。自由を手にした女性たちは例外であった。しばしば注目される彼女たちは、実際には少数の特異な例にすぎなかったのである。

第Ⅱ部　革命期の女性たち

第4章　革命の舞台に飛び込む女性たち

女性たちが革命に参加し、影響力を振るった程度を基準にすると、革命の一〇年間（一七八九～一七九九年）を二つの時期に区分できる。まず、激しい闘争がみられた六年間（一七八九年から一七九五年六月まで）、ついで排除、後退、沈黙がみられた四年間（一七九五年七月から一七九九年まで）である。一七八九年から、女性たちは革命の闘いに飛び込み、革命のダイナミズムを後押しした。しかし、一七九五年六月以降、女性たちはもはや口を出そうとはせず、彼女たちが果たすべき役割と影響力は消失した。

さて、方法論と研究史の観点から、いくつか留意すべき点について指摘しておこう。革命期の女性たちの運動が語られるとき、ついパリの情景がイメージされがちである。パリで極めて力強い運動がみられたことは確かだが、それに関わったのはあくまで全体のなかの少数にすぎず、また、その内部にも矛盾がみられた。

したがって、性急に一般化してはならないし、時代錯誤の罠に嵌ってもならない。実際、女性たちのすべてが熱烈な革命家であったわけではなく、革命に積極的に乗り出したわけでもなかった。むしろ、多くの女性たちは革命を拒絶して、その影響から逃れようとした。反革命の主張を掲げて、暴力的な抵抗を企てる女性たちもいた。むろん、革命への無関心も当然ながらあった。女性の革命世界は、複雑性、両義性と小規模な参加の三要素からなる混合物であった。

一七八九年以来の革命への参加

たとえあちこちで陳情書に女性たちの署名がみられたとしても、[1]女性たちは全国三部会選挙で投票しなかった。コワシ夫人は一七八九年に女性たちが不在であったことを強調している。

女性たちはフランス王国に暮らす人々の半数を構成しています。しかし、何世紀も前から、女性たちは国家において何ものでもありませんでした。彼女たちは巧妙な手段や魅力を使ってしか、それらの重大事に影響を与えることができませんでした。しかし、告白しなければならないのは、そのおかげで、しばしば、それらに良い結果がもたらされてきたのです。

ここでは明らかに、シェイエスの『第三身分とは何か』が念頭に置かれている。コワシ夫人は、これまで女性は何ものでもなかったが、これからはすべてになろうと欲するし、とりわけ女性的魅力以外の方法でそうなろうと欲していると主張したのである。

陳情書のいくつかは修道女によって作成されたものである。当局がそれに気を留めることはほとんどなかったが、まったくないよりはましであった。彼女たちは規約の定める範囲を越えて、当時の政治的、経済的、社会的問題について陳情書を送りつけた。

他の女性たち、とくに女性労働者は、同職組合を介して陳情書を作成し、自分たちの意見を聞いてもらおうとした。修道女の陳情書よりもさらに考慮されなかったが、それでもこれらの史料は、女性たちの抗議活動の土台がすでに存在していたことの何よりの証左である。とりわけ、よく引用されてきたのが、B・B夫人による『女性の陳情書と諸要求』（一七八九年、コー地方）である。[2] それは、農民が貴族を代表できないのと同じく、貴族も農民を代表できないという自明の理から、男性もまた女性を代表する資格がないと論じるものであった。将来、オランプ・ド・グージュの重要な論法となるこの単純な論理は、突き詰めると、女性たちが全国三部会で議席を持つことさえ正当化しかねないものであった。少なくとも、この陳情書の形式や骨子は各地でモデルとして用いられた。

女性たちの陳情書がほとんど考慮されなかった一方で、一七八九年からすでに、別の行動に出る女性たちがいた。暴動などの抗議の場に積極的に参加する女性たちである。たとえば、マリー＝ジャンヌ・トリュモーは四月にレヴェイヨンの工場に放火し、略奪したかどで絞首刑に処された。フランソワーズ・ウィリアムは、アンヴァリッド〔廃兵院〕の略奪で銃を手に入れ、ぶっ放した。実際、多くの女性たちが七月一四日に革命の現場にいた。ところが、「バスティーユの勝者」八四三名のリストに数えられたのは、蜂起の最中に負傷した、オークールの妻で洗濯女のマリー・シャルパンティエだけであった。のちに、彼女は軍隊で少尉の地位を手に入れる。

革命の最初の月々に、女性たちは新たなタイプの行動を取り始めていた。一七八九年九月以来、女性芸術家が国家予算の赤字を補うべく、国家の努力に加勢するために自らの宝石を寄贈した。この行動によって、彼女たちは女性芸術家としての自分たちに向けられてきた軽薄なイメージを壊して、責任ある市民であることを示そうとした。愛国的寄贈による国家への貢献は革命期に何度もみられた。しかしながら、実際に女性たちがあるまとまりとして政治舞台に登場したのは、一七八九年一〇月五日と六日のことである。ヴェルサイユの王家をパリに連れ戻すため、女性たちが立ち上がり、行列を率いて行進したのである。

女性たちが表舞台に立った一七八九年一〇月五日と六日

五日早朝、パン不足と価格の高騰に抗議するために、中央市場の魚売り女に率いられた女性たちは、鐘を鳴らし、サン＝タントワーヌ街やいくつかの市場に集まって、パン、武器、弾薬を求めて市庁舎に向かった。そのとき、六〇〇〇から七〇〇〇人の女性たちが一群となってヴェルサイユへ行進を始め、バスティーユの志願兵と道中の野次馬がそれに続いた。夕刻、ヴェルサイユに到着した彼女たちは、議会に乱入し、呆気にとられた議員をそのままに、聖職者の代表議員を「坊主」と罵り、まくし立てた。一〇分の一税の廃止を渋る高位聖職者に対しては、「坊主連中を引き摺り下ろせ！」と叫び声をあげた。それに飽きたらず、彼女たちは、三色徽章を踏みにじり、赤色を白色に取り替えたとされるフランドル連隊の更迭を要求し、一七八九年八月の諸法令への国王の批准さえ求めた。夜のうちに一部の女性たちはパリに戻ったが、ヴェルサイユでは緊張状態がなお続き、状況は悪化していった。

女性たちのヴェルサイユ行進

群衆の一部が王妃の部屋に入り込み、小競り合いが起きて三人が死亡、うち二人は国王の護衛であった。

パリから行進を率いたのは、「中央市場の女王」と呼ばれた八百屋のルイーズ゠ルネ・オーデュであった。彼女が大砲にまたがる様子は、その後、よく描かれた。そのオーデュは五人の女性とともに国王の部屋に入ると、それまで国王が批准を拒んできた憲法と人権宣言の法令への署名と、首都への食糧供給の約束を手に入れた。彼女はそれを急いで知らせるために六人の女性をパリに派遣した。その一方で、ヴェルサイユに留まっていたパリ国民衛兵と女性たちは、首都まで国王をエスコートした。要するに、女性たちは政治舞台にセンセーショナルに登場し、革命に新たな方向性を与えたのである。必然的に、憲法制定議会もまたヴェルサイユから権力の中枢たるパリに移設された。

かくして、女性たちは食糧要求という伝統的な抗議活動に留まらず、一〇分の一税の廃止を拒んだ高位聖職者を強く非難し、三色徽章を踏みにじった兵士たちのアリストクラート的な態度を糾弾し、国王に対しては諸法令への署名を要求することで、従来とはまったく異なる政治的性格を備えた問題を提起したのである。「善良な女性市民たち」の行動は称賛され、公民精神の証明書と勲章が与えられた。ところが、シャトレ裁判所は一七九〇年九月、オーデュの投獄を命じた。彼女は翌年九月一五日に釈放された。少し後の一一月一四・一五日の選挙で選ばれたパリ市長のペティヨンは、旧体制の遺憾な残存物であり、「革命を糾弾するために買収されたこのおぞましき裁判所」を批判することで、彼女の名誉を取り戻した。一七九二年八月一〇日のテュイルリー宮殿襲撃事件でも、積極的に参加した彼女は、その後、精神に異常をきたし、一七九三年に病院で亡くなった。

これらの女性たちの行動をみなが好意的にみていたわけではない。しかし、それ以来、一七八九年一〇月にみられた女性たちの自発性は、より強固に組織された政治的介入へと変貌していった。

様々な運動形態

まず女性たちは嘆願に取り組んだ。一七八九年七月二九日、彼女たちは憲法制定議会によって法的に認められた個人の嘆願の権利を利用した。ときの権力者は集団の嘆願をなんとか制限しようとしたが、それでもこの権利は革命期に認められ続けた。

他にも新たな運動形態がみられた。女性たちは男女混成を認めるクラブに参加したり、女性たち独自のクラブを創設したりしたのである。実際、一七八九年から一七九三年にかけて、五六の女性クラ

女性クラブ

ブが新たに設立された。注目すべきこの事態は、パリよりも地方でいっそう顕著であった。逆に、ジャコバン・クラブやコルドリエ・クラブのように、厳格に男性だけで構成されたクラブでも、女性たちは入場を許されて傍聴席に座った。しかし、発言はごくまれで、演壇に立つよう促されることもなかった。

その後、女性たちは民衆協会に積極的に参加して、意見を述べ、議論に参加し、セクション活動にも参加しようとした。彼女たちはただ座っていたわけではない。議会におけるように、男たちの発言を支持したり、抗議したりして、影響を与えていた。ごくまれに、女性たちにも個別に意見が求められたが、中傷家によって、ヒステリックに喚き散らすとか、会議の秩序をかき乱すなどと野次られるのがお決まりであった。男たちには、こうした石橋を叩いてわたる態度がみられたり、引きとめ、罠を仕掛けるなどのことがあっても、女性たちの発言は公然となり、政治的な意味を持つようになった。

パリ初の女性クラブはエッタ・パルム・デルデールによって創設された。オランダ人で、女性の政治的権利を強く主張する彼女は、一七九一年三月、「真実の友の愛国的慈善協会」を設立し、女性の義務教育の必要を訴えた。それは女性だけの最初の協会であった。フォーシェ神父によって主宰された「真実の友連盟」と密接な関係を築いたこの先進的な協会には、オランプ・ド・グージュやテロワーニュ・ド・メリクールも通ったが、長くは続かなかった。

逆に、男女混成の協会である「憲法を支持する両性愛国者博愛協会」は、より多くの人々を惹きつけた。その協会は、一七九〇年二月に教師のダンサールが設立したものが翌年三月に引き継がれて、創設された。協会の規定によれば、女性たちは討議に参加し、投票もできた。ただし、議長は男性が務め、六人の副議長のうち二人は女性が務めるとの留保がなされた。女性たちは意見を表明し、積極的に活動した。彼女たちのなかには、貴族出身のジャーナリストで、才能ある作家、政治新聞の創設者で、編集者でもあるルイーズ・ド・ケラリオがいた。同じく、チョコレート工場を経営したポーリーヌ・レオンと彼女の母親もまた重要な役割を果たした。カフェ・デ・バン゠シノワの女主人ブードレー、女料理人のコンスタンス・エヴラール、マラーの『人民の友』紙を発行した印刷所のオーナーのアンヌ・フェリシテ・コロンブもみられた。最後に、エッタ・パルム・デルデールもそこに合流した。彼女はファヴァール通りに自分のサロンを開き、オランプ・ド・グージュやダントンの従姉妹を招き入れた。他にも男女混成の協会が続々と誕生していった。たとえば、デ・アル、プラス・ロワイヤル、ゴブランの諸セクションの協会があげられる。

少し遅れて、博愛協会には、過激思想で有名な女優クレール・ラコンブが加わった。彼女は最も急進的な新聞として知られるエベールの『デュシェーヌ親父』を支持していた。一七九一年六月二一日の国王一家のヴァレンヌ逃亡事件の後、女性の武装化を要求し、政治的権利を備える能動市民とそれを備えない受動市民の区別を批判するにとどまらず、[*1]国王の拒否権を告発して、ますますコルドリエ・クラブに接近した女性活動家の一団もこの協会のメンバーであった。同年七月一四日の集会に出席した「女性会員」のなかには、七月一七日のシャン・ド・マルスの虐殺（国王の廃位を要求する群衆がラファイエットの命令で銃撃された）の結果として、その月の終わりまで非合法状態に置かれた者たちもいた。

ところで、オリヴィエ・ブランによると、新たなタイプの協会の設立と並行して、実は「革命の騒乱のなか、（女性たちによって主宰された）サークルやサロンは消えるにはほど遠く、逆にこの時期、とりわけ一七八九年から一七九三年にかけて、ついで一七九五年から一七九九年にかけて、これほどまでに数多く存在し、活動したことは決してなかった」という。(3) 女性クラブや協会とは異なり、サークルやサロンでは、柔和で、慎み深く、節度ある、要するに上流社会のマナーが引き継がれていた。

かつての社交界の貴婦人のなかには、民法上の諸権利の平等や諸権力の分立の支持者である穏健なパトリオット（愛国派）を迎え入れる者たちがいた。たとえば、憲法制定議会の熱烈な支持者であるモンテッソン夫人や、将来皇后となるジョゼフィーヌの最初の姑にあたるボーアルネ夫人の邸宅があげられる。そこでは、オランプ・ド・グージュや、「九姉妹神」会所《ロッジ》(4)のメンバーであるパトリオットが交際していた。彼らはヴィレット夫人（ヴォルテールがかつて贔屓していた人物の妻）の邸宅にも通ったが、常連客のなかには将来のジロンド派議員が多くみられた。

軍人貴族の娘ルイーズ・ド・ケラリオは最初の共和主義サークルの創設者で、文学的才能に長けた女性である。彼女は教育熱心で、娘がジャーナリストの道を踏み出すのを手助けしたこともあった。一七八七年、ケラリオは名誉会員として受け入れてくれたアラス・アカデミーに感謝の演説をし、ロベスピエールの祝辞にあずかった。ロベスピエールは諸アカデミーへの女性たちの参加を称え、彼女たちの才能に敬意を表そうと、その機会を利用したのである。共和主義者としての政治的立場を強めたケラリオであったが、逆説的にも、共和主義を信奉する女性たちがいるべき場所は家庭であるとして、両性の平等を否定している。

ラメット夫人のサークルでは、憲法制定議会の所業に賛辞が贈られた。そこでは多くのジャコバン・クラブの会員が迎え入れられ、ロベスピエールもその一人であった。一七九一年七月一七日のシャン・ド・マルスの虐殺をめぐり、クラブがジャコバン派とフイヤン派に分裂するまで、それは続いた[5]。他にも、エギュイヨン夫人、クレルモン・トネール夫人、カステラーヌ夫人のような自由主義貴族の女性たちが、革命の友にサロンの扉を開いた。

最後に、オートゥイユ、ソフィー・コンドルセ、エルヴェシウス夫人、オランプ・ド・グージュ(彼女は君主政支持者のままである)のサークルは、過激な革命家だけでなく、フェミニズムの信奉者もそこに集めた。民主的で、愛国的で、共和主義的なサロンを開いていたジュリー・タルマとロラン夫人も忘れてはならない。

これらのサロンやサークルは、閉鎖的で、選ばれた人々のみに限定された空間であったが、そこでは意見が交換され、影響力のあるネットワークが活発に働いた。権力に近いサークルは、しばしば旧体制のサロンと似通っていたので、女性の参加の規模で言えば、女性クラブや女性民衆協会のそれとまったく比肩できるものではなかった。

この世界とはまるで縁のなかった女性たちもまた、自ら組織し、嘆願を行い、要求し続けた。自分しか頼れない女性たちは、彼女たちの運動を連携させなければならなかった。

連携した集団行動へ

政治生活から排除されたにもかかわらず、女性たちは交流し、意見を交わし、要求し続けるなかで、自分たちのこれまでの扱いに憤慨して、次第に集団行動に向かっていった。女性たちは自らを武器の携帯が認められていない受動市民になぞらえて、一七九一年四月二七日のロベスピエールの演説を引用した。「自己防衛のために武器を取るのはあらゆる人間の権利である。祖国防衛のために武装することは、すべての市民の権利である」。

このような状況のなかで、一七九二年三月六日、ポーリーヌ・レオン[6]は多くの博愛協会員を含む三一九人の女性が署名した嘆願書を立法議会に提出した。それは、自由人である男の母親、姉妹、妻もまた武装の権利を有するとして、女性国民衛兵の創設を要求するものであった。彼女たちは、自然権を「自分の生命と自由を守ろうとするすべての個人」に認めさせるために、人権宣言を振りかざし、男女平等を要求した。この嘆願書が読み上げられた日は、「編み物女たち《トリコトゥーズ》[*2]」の誕生を画する歴史的な一日とみなされている。

男性サン・キュロットのように、これらの武装した女性たちは市民権を熱望した。祖国を防衛する女性市民が男性市民と同じ権利を手に入れることは、至極当然に思われた。数日後にはすでに、テロワーニュ・ド・メリクールはこの要求に満足しなかった。より急進化した彼女はこう宣言している。「我々の鉄鎖を破壊しましょう。ようやく女性が、男性の無知、傲慢、不公正が随分長い間、彼女たちを隷属させてきた、そんな恥ずべき無価値の状態から抜け出すときが来たのです」。メリクールは女性たちに、「武装部隊」を形成するよう呼びかけて、こう付け加えた。「女性市民よ、我々がすべてを祖国に捧げなければならないことを忘れてはなりません」。軍隊に入隊するだけでは十分でないと感じた女性たちは、女性部隊の創設を要求した。ポーリーヌ・レオン、テロワーニュ・ド・メリクール、クレール・ラコンブもそれに賛同した。

編み物女たち（トリコトゥーズ）

「編み物女たち《トリコトゥーズ》」は、傍聴席、街路、デモ行進で重要な役割を果たした。とりわけデモ行進は、女性たちの給料と権利を守り、物価高騰などの日常生活の問題に抗議するためにしばしば実行された。一七九二年から次第に、女性たちは民主化したクラブや諸セクションで討議に参加して、意見を聞いてもらえるようになった。女性サン・キュロットが誕生したのはこの年のことである。それ以来、食糧、政治、市民権が彼女たちの要求の中核をなした。

一七九二年八月一〇日、君主政の命運が尽きたその日、女性たちはためらうことなく暴動に参加して、多くの負傷者を出した。その功績を称えて、三人の女性が褒賞を与えられた。すでに一七八九年七月一四日に名声を得ていたルネ・オーデュと、テロワーニュ・ド・メリクール、クレール・ラコンブである。乗馬服を着るのを好んだ彼女たちは民間褒賞を受けとった。八月一〇日は決定的な転換点であった。制限選挙が廃止され、事実上の普通選挙が設立され、国民公会議員の選出では、二段階選挙制であったが、すべての男性に投票権が認められたのである。こうして受動市民の身分がようやく廃止された。

では、女性の身分はどうなったのであろうか。統治者がもはや受動市民と能動市民の区別を論じられなくなるとき、女性の排除は深い精神的・社会的な傾向を明らかにする二重の不公正のように感じられた。実際、女性たちは男たちと協力しながら、様々な運動に参加し、ときには強制的に彼らを引き込んだにもかかわらず、結局は騙されて、再び傍観者の地位に遠ざけられたと感じていた。それ以来、当局は承認欲求をいっそう強めた女性民衆の落胆とぶつからざるをえなかった。

現場の女性活動家であれ、ポーリーヌ・レオン、コンスタンス・エヴラール、クレール・ラコンブのように闘いの先頭に立つわずか百数人の女性たちであれ、彼女たちは男たちの単なる補助者とみなされるのも、再び騙され、欺かれるのも拒み、独自の女性サン・キュロットへと変貌した。彼女たちはすぐに立場を硬化させ、続く月々の間、言説を急進化させていった。政治生活からの排除に深く傷つき、憤慨した女性たちは、男たちが寛大にも認めてくれた成果にもはや満足しなかった。

喜ばれるも不十分な成果

一七八九年から一七九二年にかけて、束の間ではあるが一種の幸福感が支配していたことは否定しがたい。それは「女性集団」に対する心性の一時的な変化の徴《しるし》であった。総じて、女性たちが抱いた解放の希望はよりよく理解され、時代の空気は彼女たちに好意的であった。実際、非嫡出子や婚外子の権利と同様に、内縁が公認されたのはこの時期である。売春もまた寛大に扱われ、女性たちが軍隊への入隊を認められることもあった。(7) 要するに、進行中の政治的急進化にあわせて、社会の変化もまたみられたのである。それは一時的な熱狂、束の間の輝きにすぎなかったのであろうか。

投票権からの排除は女性たちを失望させたが、国民公会が開催されると、ある進展がみられた。一七九二年九月二〇日、立法議会は解散前に、市町村役人のもとで宣言される共和主義的結婚を制度化し、民法上の結婚を公認した。したがって、結婚は二人の当事者が誓いを破り、破棄できる単なる契約になった。このように世俗化が進展するなかで、議会は教会からエタ・シヴィル（戸籍簿）を奪い取った。さらに、夫婦間の平等が宣言され、同棲と別居を問わず、裁判官のもとで宣言される夫婦相互の同意に基づく離婚も認められた。もともと、旧体制期の隷属状態から女性たちを解放して守ることがその目的であったが、その一方で、当局は破綻した夫婦関係を解消させて結婚を奨励することで、出生率が上昇することも期待していた。数十年前にモンテスキューが離婚を支持したのは、このような道徳的・出産奨励的な理由からであった。

いったん離婚が合法化されると、都市部の職人や小ブルジョワジーで多くの離婚がみられた。逆に、家族が経営体をなしている農民では、離婚はほとんどみられなかった。守るべき慣習とカトリックの価値観で迷う貴族や大ブルジョワジーも同様で、彼らは離婚そのものを非難した。いずれにしても、離婚が容易になったことで結婚数は急激に増加した。一七八八年に結婚は二四万件であったのに対して、一七九三年には三二万件を数えた。逆に、離婚数はずっと慎ましかった。人口六〇〜七〇万人を擁するパリでは、初年度に六〇〇〇件、住民一〇〇〇人に対しておよそ八件の割合で離婚が宣言された。ただし、離婚した夫婦の多くはすでに長らく別居していた。その後、最近結婚したばかりの夫婦も離婚し始めたが、そのうち六〇％のケースで離婚を切り出したのは女性であった。

一七九〇年八月から、夫はもはや妻や子どもを家に閉じ込めておくことができなくなった。家族の係争を解決するには家庭裁判所に赴かなければならなかった。一七九一年四月には、相続の男女平等が実現され、女性を搾取してきたローカルの慣習が消滅した。それは、相続の平等分割を制度化する一七九三年三月七日法、非嫡出子に嫡出子と同等の権利を認める一七九四年の法律を予告するものであった。それ以来、家庭の財産は夫婦二人で管理した。こうして社会でも家族でも、世俗化が次第に進展していった。

革命は女性たちに、厳密な意味で市民的な諸権利、市民としての存在、法的な身分を公認した。そのおかげで、女性たちは遺言書を作成し、裁判所に出廷し、契約書に署名できるようになった。それでも、革命は女性たちに投票権を与えず、いついかなるときも、彼女たちに政治的権利を認めようとはしなかった。女性たちが国民衛兵に加わることも、武器を手に取ることも、禁じられたままであった。常套句を用いれば、女性はあくまで「市民権のない市民」でしかなかった。(8)

女性たちのほど遠い一体性

すべての女性が女性の権利のためにこれらの運動に参加したわけではなかった。そのような主義主張を掲げることも、政治に関与し、表舞台に躍り出ることも、本分ではないと考える女性たちがいた。一部の女性たちが握る主導権は、多くの女性たちを苛立たせ、対立や否定的な言動や辛辣な非難さえ引き起こした。道徳、伝統、教育、宗教の教えなどの多様な理由が重なり合って、敵対的な態度を惹起した。運動に積極的に関与する女性たちの大胆さと無分別な態度はとても認められるものではなかった。女性たちはまず、母親や妻として、家庭を守らなければならなかった。こうした社会を永続させる不変的な秩序を問題視することなど、思いもよらなかった。このような無理解だけでなく、より局所的な理由もみられた。

まず、これらの女性たちは、錯乱し、ヒステリックで、酔っ払った女のようにみられた。そんな彼女たちが無秩序を引き起こすのでないかという恐れが、男女ヒエラルキーの転覆の恐怖に加わった。それは貧民階層や最近貧困に陥ったばかりの階層との対立に関わる問題でもあった。実際、奢侈品産業とモード産業における景気後退の影響をもろに受けた専門的な女性労働者が、まっさきに大規模な失業の犠牲者となった。彼女たちの多くは貧窮し、世の中に幻滅した。革命の当初から女性たちが、国王のため、君主政の再建のために闘う女性部隊の数を膨らませていたのは、何よりも経済的な事情からであった。そんな彼女たちにとって、女性の境遇を改善し、クレール・ラコンブが述べたように、「女性を繋ぐ鉄鎖」を破壊しようと闘う女性たちが積極的に政治参加することは、せいぜい神の秩序を毀損する社会的な罪としか映らなかった。

一七九二年から一七九三年にかけて、革命に反発する女性たちがそこに加わった。厳密に宗教的な理由から行動した彼女たちは、聖職者に宣誓を求める聖職者民事基本法を非難した。同法は、聖職者を宣誓した者（立憲聖職者）と宣誓忌避聖職者に分裂させるよりも前に、世俗と信仰のどちらを重視するかで、彼らを分裂させていた。小教区の女性たちにとって、宣誓忌避聖職者（彼女たちが親しむ「善良」な主任司祭）が、立憲聖職者によって取り替えられるのは堪えがたかった。その入替えは「信心深い女性たち」の間で紛争を引き起こし、はっきりとした態度をとる女性たちの間で、一種の反教権主義を燃え上がらせた。非常に早くから女性たちは、「善良」な聖職者や典礼道具を隠して、宣誓忌避聖職者に避難所を提供し、隠れてミサを行った。革命は悪魔の仕業とみなされたので、そのような行動は積極的に支持された。

しかしながら、女性活動家と「編み物女たち《トリコトゥーズ》」は熱狂的な反教権主義者では決してなかった。彼女たちの多くは宗教を信じ、日常的な信仰を実践していた。たとえば、一七九二年一二月、多くの女性たちが真夜中のミサの開催を要求したのは、それを如実に示している。

革命支持のサロンを主宰した女性たちと同じ社会階層出身だが、反対の政治的意見を持つ女性たちもいた。彼女たちはサロンの扉を反革命家に開き続けた。そこでは、人脈、友人関係、影響力ある人々とのつながりを駆使して、穏健なやり方での反革命が目指された。ただし、革命を支持する活動家のサロンと比べると、社交界の性格が色濃かったので、あまり効果的ではなかった。[9]

たとえば、一七八九年以来、まずはヴェルサイユ、ついでパリで、デュヴァル・デプレメニル夫人、ヴィルロワ夫人、モンモラン・サン゠テレム夫人の邸宅で開かれた集会があげられる。そこでは、実現性が乏しく、ロマンティックな道楽にもみえる様々な国王逃亡計画が練られていた。スタール夫人はこれらの計画の一つに「資金協力を約束した」といわれている。その一方で、彼女は多くの元憲法制定議会議員をサロンに迎え入れていた。一七九三年の春と夏には、これらのサークルはより静かになり、革命が最もラディカルな時期には消えてしまった。

この時期まさに、女性活動家は公共生活に積極的に参加する能力をまざまざとみせつけて、諸事件の流れに重要な影響を与えることになる。

第5章　一七九三年春と夏に絶頂を迎える急進的運動

一七九三年春と夏の数ヶ月間、三年以上前から革命に関わってきた女性たちの行動は、さらに強まり、急進化した。この時期に、女性たちの参加は最も独自の形態をとり、決然として、決定的なものになった。もちろん、革命を成し遂げたのが女性たちであったと主張しようとするのではない。しかし、女性は男性サン・キュロット運動の単なる補助者でも、男性革命家の競合相手でもなく、革命プロセスにおいて特有の位置を占めていたのである。ここでは、どこまでそうであったかを示そう。もし男たちがほとんど、あるいはまったく女性側の要求に共感しなかったとしても、この時期は、全体に急進化する革命にあわせて、彼女たちの力がほとばしり出る時期であった。

繰り返し言っておきたいが、女性運動が要求と行動を急加速させ、その絶頂に達したのは、一七九三年の春と夏である。非常に興奮したこの半年間に、女性運動が組織化され、急進的な女性クラブが誕生し、象徴的な女性リーダーの出現に有利な状況が作られていった。

しかし、そうした女性たちの運動にも多様性と複雑性が秘められていることを見落としてはならない。ドミニク・ゴディノーによって実証された、有効かつ実際的であるが故に、その後、古典的にな

る階層化が思い出されるのはこの時期である。(1)

女性革命運動の組織化と急進化

女性革命運動は主に三つのグループで構成された。すなわち、「著名な女性活動家」、「一般の女性活動家」、「女性民衆」である。現場によくいる一般の女性活動家のうち、非常に活発な五〇人から一〇〇人ぐらいの女性が傑出し、警察史料のなかで名前が個別に指示された。最初の二つのグループは女性サン・キュロットをなした。最も数が多い第三のグループは、定期的に集会に参加することはないが、時間に余裕があったり、主題に関心があったりすれば、クラブに顔を出し、地区の隣人たちと集まり、居酒屋に出向いたり（読むことができない女性たちは朗読を聞いた）、あるいは暴動に参加して、必要であれば暴力行為に走った。彼女たちのほとんどは名もなき女性であった。ときには、警察の報告書が個人を名指しすることもあったが、彼女たちはたいてい「編み物女たち《トリコトゥーズ》」とか「市場の女」などの一団としてだけ、史料には現れた。

これら数ヶ月の間、覚醒した女性たちの視線は、経済的、政治的、社会的な問題に向けられた。まず食糧価格の高騰に対して闘うために、女性たちは生活に最低限必要な食糧の価格が公定されること、すなわちそれ以上の価格での販売が禁止される最高価格の設定を要求した。それは食糧品の買い占めを妨げ、すべての者に食糧を供給するために、その投機を封じることを目的としていた。ついで、女性たちはジロンド派を糾弾した。彼女たちはジロンド派こそ、日常生活の困難の元凶であるとみなしていた。こうしてついに、女性の市民権を認めさせる闘いが始まった。彼女たちは何としても市民の身分を手に入れたかった。革命の当初からそれは拒まれ続けた一方で、その間に、受動市民は象徴的な成果を獲得していた。何よりもまず、国民衛兵に加入するために武装し、一七九三年六月二四日の憲法についての自分たちの意見を表明することが不可欠であるように思われた。なぜなら、そのテクストを論じ、承認し、支持することだけが（そのテクストは女性の投票権には言及していないが）、統治者に対して圧力をかけ、さらには強制できる有効な手段となりえたからである。一七九三年四月三日になると、男性に着用が義務づけられた三色徽章を求める闘いもまた、彼女たちには重要な意味を持った。女性活動家は、これら三つのことにリーダーシップをとって、女性たちの市民権獲得を早めることができると考えた。

一七九三年七月一三日以来、女性活動家は要求を受け入れさせるために、マラー崇拝[*1]を積極的に支持したが、要求は実現されなかったので、恐怖政治を実行させるための闘いへと舵を切った。現実には、公定価格の要求を引き起こした食糧の欠乏と価格高騰は新事態というわけではなかった。一七九二年秋以来、暴動がパン屋の前でしばしば起きて、女性たちはいつもパン屋の主人をひどく罵っていた。その一方で、女性たちは同様に買い占め人を告発し、穀物不足と価格高騰の責任を負わせた。ときには、女性たち自らためらうことなく価格を設定し、警備兵が秩序を再建しようとしたときには、彼女たちはいつも彼らに暴力を振るった。一七九三年冬には、穀物騒擾が著しく拡大した。二月二五日のパリ暴動がそれを証言している。五月一日には、もし食糧の「最高価格」が設定されなければ、サン＝タントワーヌ街で蜂起が起こる恐れがあった。

公定価格の要求は常にみられたが、一七九三年春、ある政治的立場に帰着した。すなわち、女性たちはジロンド派をカタストロフな状況の唯一の責任者とみなして、彼らの辞職を要求し、彼らの政治運営の怠慢、民衆への蔑視、女性たちの陳情に耳を貸さない態度、日々の煩わしいことへの見て見ぬ振りの態度を告発したのである。このように緊張し、苛立ち、興奮した状況のなかで、一七九三年五月一〇日、ポーリーヌ・レオンは、女性だけのクラブ、「革命共和女性市民協会」を発足させた。この協会は女性運動の急進的な尖兵と自ら称した。

チョコレート製造業者の家に生まれ、一七八四年の父親の死が彼女に新たな考えを抱かせたポーリーヌ・レオン（一七六八〜一八三八年）は、一七九一年から革命に積極的に参加した。彼女はコルドリエ・クラブに通い、「両性愛国者博愛協会」に深く入り込み、そこでルイーズ・ド・ケラリオや、エベールとジャック・ルーに近いアンラジェ（過激派）[*2]に分類される風刺文作者ジャン＝フランソワ・ヴァルレ（一七六四〜一八三七年）と出会った。一七九二年一二月、彼女は（三人の女性と八八人の男性とともに）国王の死刑を要求する過激な嘆願書に署名した。パリの「革命共和女性市民協会」とともに、彼女は一七九三年の間、街頭に立ち続けた。保安委員会の命で、エベール派とコルドリエ・クラブのメンバーに対する弾圧が行われるなか、彼女は一七九三年四月三日に逮捕され、八月二二日に釈放された。ポーリーヌは熱烈な共和主義者であったが、その後、政治活動を放棄した。パリで教師としてすごした後、ヴァンデに隠棲し、家族と合流して、年金生活者として暮らした。彼女は一八三八年一〇月五日、ヴァンデで亡くなった。

一七九三年五月九日、協会の創設者である女性たちは、「女性のみが入会できる協会を作り、集会

教会に集まる女性クラブ

を開く意向」を宣言し、協会の諸規定を提案した。「その協会は革命共和協会と名付けられ、サン＝トノレ街のジャコバン修道院の書庫で集会を開くこと」が決められた。

組織は単純であった。議長（最初に指名されたのはルーゾー）、副議長、そして四人の書記が一ヶ月の期間選出された。ポーリーヌ・レオンは書記の一人であった。経理係、二人の補佐、文書保管係は三ヶ月間選出された。選挙は点呼投票で行われた。会員は一八歳以上で、「良き生活態度」を保ち、「共和国のために生き、そのために死ぬ」ことを宣誓しなければならなかった。この協会は男性に閉ざされていたが、男性も傍聴席から会議の様子をみることができた。一七〇人の会員のうち三分の二は二五歳から三〇歳で、多様な職業に就いていたが、多くは教養を備えていた。より民衆的な階層出身の少数の女性だけが文字を書くことができなかった。フランスの他の地域に比べてパリの女性には読書の習慣がゆっくりとではあるが広まっていたこと、とりわけこの協会では、それが顕著にみられたことを思い起こしておこう。

実際、パリでは、最も貧しい階層の人々でさえ、新聞や何らかの中傷文や小冊子などを読んだし、余裕のある女性活動家は『民衆の友』紙や『パリの革命』紙を定期購読していた。読み書きのできない女性や貧しい女性のために、集団朗読が自発的に組織されもした。したがって、女性の知識レヴェルを全体的に向上させるために、あらゆる手段が用いられたのである。その目的は簡潔かつ明確であった。すなわち、革命を国内外の敵から守り、会員であろうとなかろうと、すべての女性に平等と尊厳を保証することである。女性教育の重要性を意識し、その責任を感じる「女性市民」協会は、集団で引き受けられる公民教育を女性に保証しようとした。女性運動全体と「革命共和女性市民協会」の間には、目安となる区別も階層の別もなかったにもかかわらず、協会の方は、ときにはいくつかの主題について運動とは食い違いながらも、ともにフェミニズムの急進的な尖兵として活動した。

協会の創設者たちが、「兄弟が国境を防衛している間に国内を守る」べく、一八歳から五〇歳の女性たちからなる「アマゾネス部隊」の創設を考えたのは、革命を守るという目的からであった。そのような考えは国民公会議員の望むものではなく、協会の代表者がこの提案の目的を述べたとき、彼女は嘲られ、野次られた。そのことがあってから、統治者は女性たちの武装と国民衛兵への加入に関するリスキーでデリケートな話題を常に避けようとした。

協会は女性たちの闘いの尖兵として行動しながら、単に食糧問題（女性の領分とみなされる）だけにエネルギーを割くことはなかった。それは少しずつ行動範囲を広げ、政治的な問題にも取り組んでいった。制度化された組織のなかで、これらの真の女性活動家は女性民衆と新たな熱望を共有し、それを推し進めていった。しかしながら、女性運動の活動と範囲を協会のそれに単純化してしまうことはできない。実際、何百人、ときには何千人の女性たちが路上に現れ、セクション集会に参加し、要求を掲げ、議論し、嘆願書を作成していた。もし協会が女性たちの行動を明らかに刺激したとしても、非常に目立った会員のみに注目したために、より広範な女性運動の現実がみえなくなってはならない。その運動を最も政治化した少数者の闘いだけに一本化することはできない。それら二つの現実は相互に補完しあって、独自の強力な一団を構成した。そして、そのなかから、いく人かの象徴的な人物が台頭した。

なかでも、コンスタンス・エヴラール（一七六八年〜不明）をあげておこう。ヴォージュ県出身の彼女は、料理人として奉公し、読み書きができた。ポーリーヌ・レオンの隣人で友人でもある彼女は、レオンとともに革命に積極的に関わった。エヴラールは国王に抗議するすべてのデモに参加し、女性たちの武装を支持して闘った。一七九三年五月三一日から六月二日にかけての一連の事件にも参加したが、その後、完全に行方をくらました。

印刷所の主人で、マラーの『人民の友』と『人民の代弁者』を刊行し、何度も家宅捜索を受けたアンヌ＝フェリシテ・コロンブは、名誉毀損で訴えられた訴訟で勝利し、手に入れた賠償金を貧民に振る舞うなどして、地区の貧民を支えた女性である。一七九一年七月一七日のシャン・ド・マルスの虐殺の結果、逮捕された彼女は、その後、「革命共和女性市民協会」の最も活動的な会員の一人になった。

一七六五年にアリエージュ県で生まれたクレール・ラコンブは女優であった。彼女は南仏でキャリアを積んだ後、一七九二年二月にパリに上京し、以来、革命に参加した。勇猛果敢で熱烈なパトリオットであるラコンブは、協会の書記と議長を歴任した。彼女は聴衆を多く惹きつけたので、当局に睨まれ、一七九三年九月、山岳派によって会員たちの信用を失墜させられた。逮捕され、釈放された彼女は、結局、淫蕩やアルコール中毒の告発が冤罪であることを証明するに至った。かくして、彼女は協会が解散するまでそれを指導し続けることができた。しかし、かつての「仲間たち」によって告発された彼女は、一七九五年五月に再び逮捕された。翌年八月にようやく釈放されると、ラコンブはナントで女優業を再開した。一七九八年五月にパリに戻るも、その後の足跡はわかっていない。

一時的ではあるが急進的で、試練に耐え抜く勇気を持ち、戦闘的態度の際立つこれらの女性たちに加えて、警察史料に記録される記事、誹謗文書、演説に名を出すいく人かの女性の名前をあげることができる。たとえば、バルボ姉妹、マリー・エリザベト、マリー・マルグリット、「デュシェーヌお袋」と呼ばれたデュブーイ、マリー・シャルロット・アルドン、ランス、グリモン、モニック、ペリオ、サン・プリ、ルーゾー、ポトー、モニエ、デュブルイユがあげられる。彼女たちはほとんど足跡を残さなかったにもかかわらず、みな、革命に敏感に反応し、積極的に参加した。

女性運動の現場

一七九三年五月、「女性民衆と協会」の一団は、自らが干渉でき、意見を聞いてもらえるところではどこでも、休みなく最大限の力で、反ジロンド派運動を実行した。女性たちの攻撃と暴力は国民公会に大きな影響を与え、山岳派と常に激しく対立するジロンド派を動揺させた。ジロンド派はたえず、国民公会やジャコバン・クラブ、諸セクションや新聞で、「ヒステリー女」、「鬼女」、「意地悪女」、「ロベスピエール信者」、「マラーの淫奔女」と罵った。しかし、結局、彼らは抗しきれず、一七九三年五月三一日から六月二日にかけての一連の事件で失墜し、山岳派の勝利が確定した。

ジロンド派が排除された後も、一七九三年六月半ばから、食糧問題が深刻化した。女性たちは食糧価格の高騰を抑え、買い占め人と闘う唯一の方法として、食糧価格の公定を要求し続けた。同時に彼女たちは、敗北したジロンド派の支持者で、パリの中央集権的な山岳派「独裁」に反対して、各地で反乱を引き起こそうと試みるフェデラリスト（連邦主義者）に対して、容赦ない攻撃を仕掛けた。たとえば、マルセイユ、フランス南東部、リヨン、ボルドーでは、女性クラブや男女混成のクラブ、または民衆協会が、同じようにフェデラリストを追撃していた。精力的で、決然として、革命の敵に対して慈悲心のない彼女たちはフェデラリストの家族を告発し、訴追した。

その間も、これらの女性活動家は「（女性）市民」として公認され、「主権者」になろうとする意志を捨て去ることはなかった。主権を有し、投票によって意見を表明できる人民になるために、障害を押しのけ、当局の前に既成事実を突きつけようとした。

実際、一七九三年の春と夏の間、女性運動は山岳派から公式に好意を受けていた。山岳派は男性サン・キュロットの尺度で、いかに女性たちが無視できない影響を与えることができるか測りながら、まだ温かい眼差しを向けていた。一七九三年六月三〇日、「革命共和女性市民協会」は、山岳派の支持を確認した。その一方で、協会は元聖職者で、貧民の擁護者であるアンラジェのジャック・ルーを厳しく批判した。彼は六月二一日に一人で、彼女たちを熱心に擁護していたのに、である。こうした態度は、デマゴーグやジャン゠フランソワ・ヴァルレの言説にますます敵意を示すようになった山岳派を喜ばせた。

この頃、女性たちの立場と役割はかなり両義的であった。確かに、時代の空気はまだ女性たちの行動に好意的であったし、山岳派の寛容な態度はおそらく計算ずくだけから生じたものではなかった。一七九三年夏に革命はあらゆる危機を迎えていた。ヴァンデの反乱は熾烈を極め、フェデラリスムと対外戦争は体制を深刻に脅かした。すべての勢力を結集する必要があった。この決定的な時期に、女性サン・キュロット勢力もまた男性サン・キュロットと同様に、貴重で不可欠なものになった。彼女たちに対する山岳派の態度は、おそらく、純粋なマキャヴェリズムよりも、プラグマティズムから出たものであったろう。

この時期に、女性向けの活版印刷学校の創設という、女性解放の象徴的計画の実現が奨励されたのも、同じ流れのなかである。アイディアそのものは一七九一年七月にバスティッド夫人によって提案されていた。この提案は当局によって歓迎され、奨励されたにもかかわらず、すぐに男性の活版印刷工の憤慨と嫉妬を掻き立てた。彼らは男の領域が踏みにじられたと感じて、女性の同僚を競合相手としかみなかった。

七月一三日にマラーが殺害されると、殉教者にオマージュを与えるために、数週間、「革命共和女性市民協会」の知性と努力が結集された。それは女性運動に対するほぼ全般的な歓迎ムードのなかで行われた。一七九三年八月一八日まで、マラーの栄誉を称え続けたこれらの「涙を流す女たち」は、そのとき、経済的な要求を疎かにする傾向をみせた。しかし、それは常に、食糧価格の高騰に直面した女性民衆の優先的な問題であった。「革命共和女性市民協会」がこれらの日常問題を後景に退け、政治的領域に陣を張ったことで、女性民衆の穀物要求とズレが生じ、さらには彼女たちとの関係を損なわせる恐れがあった。したがって、八月一八日、協会は再び経済的要求に合流し、その熱で九月のアジテーションを引き起こした。それ以来、協会は十分に急進的ではないと判断されたコルドリエ・クラブから離れ、アンラジェの方を向き、また、急進的で奔放な『デュシェーヌ親父』紙の編集者であるエベール（一七五七〜一七九四年）を支持していく。

一七九三年九月の動揺

公定価格と恐怖政治の実行が再び彼女たちの主な要求になった。その一方で、女性たちは一七九三年九月に、アンラジェのジャック・ルーと同じ肩書きで、諸セクションの活動への参加が許され、好意的に受け入れられた。当局当事者たちが一七九三年九月五日、「恐怖政治を日程に」のせたのは、女性たちが重要な役割を担い、国民公会に侵入した蜂起民の圧力のもとであった。「恐怖政治」は、それまで死文同然であった価格の公定（一七九三年五月）を実施に移させる「強制力」となった。統治機関によって理論化され、組織された恐怖政治は、一七九二年九月の虐殺が再び起こるのを防ごうとする統治者の意志に応えるものであった。また、そのために、価格と給料の「一般最高価格」の原則を提起した一七九三年九月四日の諸決定を適用しなければならなくなった。「一般最高価格」は九月二九日法によって実現された。何世紀も前から続く、国王と領主の専制に対する必死の民衆暴力を統制する必要があった。恐怖政治は統治の道具として利用され、家宅捜索と徴発を許可した。まず、経済を統制するために実施された恐怖政治は、政治、軍事、行政のあらゆる領域に広がっていった(2)。

しかしながら、女性たちは市民権の公認について決然とした態度を貫き続け、三色徽章の闘いを再開した。一七九三年四月三日の法令は市民に三色徽章の着用を義務づけていたが、女性については一言も言及していなかった。その義務化を要求する女性たちは、着用を拒否する女性たちとの間で、路上での喧嘩、乱闘、激しい口論を引き起こした。男たちにとって、それらは女性の問題にすぎず、そのため、彼らは嘲るような視線を投げてよこした。

根負けした国民公会は、一七九三年九月二一日の法令によって、女性の三色徽章の着用を義務づけた。確かに、その決定は女性たちを満足させたものの、同時に多くの女性たちに不安を抱かせた(3)。山岳派国民公会議員のなかで、三色徽章の次には、女性たちは赤いフリジア帽を着用し、さらには髪を切り、そのあげくに武装するであろうという噂が駆け巡ったからである。女性に市民権が認められる可能性が高まったことで、自分たちの優越が脅かされ、すでにそれが損なわれたり、無視されたたと感じていた男たちは不安と強迫観念を募らせた。

それでも、これらの政治的要求をしても、「革命共和女性市民協会」は食糧供給や価格高騰の問題のことも忘れなかった。結局、一七九三年九月二九日、国民公会議員は「一般最高価格令」を可決することで、彼女たちの主張を認めた。もちろん、それは女性だけの成果ではなく、革命運動全体の勝利であった。それでもやはり、女性の決断力、大胆さ、ダイナミズムがあってこそ、その勝利をものにできた。

その一方で、女性の大胆さと執拗さ、常に急進的な姿勢の結果として生まれたこれらの成功は、男性の権威に不安を与え始めていた。もはや単に経済的な主張だけでなく、社会秩序や社会制度のあり方を再検討させようとする主張を前にして、女性自身が社会でのより重要な地位と役割を占めようとする女性活動家の要求に怯えるようになった。このことがあってから、当局は彼女たちをアンラジェと同一視していった。

不安視されるアンラジェ

九月の動揺後、一〇月になると、女性たちが全面的に関わる激しい興奮状態がみられた。それにより女性のイメージは次第に輝きを失っていった。空気が一変した。六月から山岳派が、明白な反革命家、旧体制の鑑《かがみ》、またはジロンド派勢力に帰属する女性たちを逮捕させ、裁判にかけていたことを思い起こしておこう。裁判の結果、彼女たちには死刑が宣告された。マリー・アントワネットは一〇月一六日に処刑され、オランプ・ド・グージュは君主政支持者、ジロンド派、そして反ロベスピエール派であることを理由に、七月二〇日に逮捕され、一一月三日に処刑された。ついで、ジロンド派の影の支配者であるロラン夫人が、一七九三年六月から投獄され、一一月八日に処刑台にのぼった。最後に、シャルロット・コルデは、一七九三年七月一三日、マラーを刺殺して革命を「殺害」しようとしたかどで訴追された。彼女を公然と侮辱する者もいれば、英雄視する者もいたが、彼女は「女性性」の原型に仕立て上げられた。すなわち、邪悪で、無思慮で、衝動的で、危険な女性像である。多くの解釈がそこに嵌《は》め込もうとした、理性でなく感情によって衝き動かされた気難しい老嬢の象徴である。

しかしながら、逆説と両義性がみられたこの時期に、女性活動家の態度は変わらなかった。それどころか、彼女たちはますますアンラジェに接近した。その一方で、山岳派は常にそれらの血気を鎮めようとしていた。アンラジェとエベール派に接近しながら、三色徽章の闘いと同じ方向で、女性活動家が女性の赤いフリジア帽の着用義務を要求したとき、彼女たちは過激主義者とさえみなされた。一〇月一三日から二九日までのおよそ二週間、フリジア帽を着用する女性たちとそれを脱がせようとする女性たちの間で、乱闘やもめ事が多発した。慎重で冷静な国民公会は、下手に介入すると不人気になることを用心して静観を決め込んだ。

革命運動の最中、女性民衆は山岳派、ジャコバン・クラブ、コルドリエ・クラブに不安を与え続けた。彼らは単に女性運動の広がりだけでなく、とりわけ「革命共和女性市民協会」の急進性に恐れおののいた。一七九三年九月半ばから、この協会は山岳派の標的とされた。山岳派はこの尖兵に対して、とりわけ彼女たちの象徴的なリーダーであるクレール・ラコンブに対して、急いで、決定的な攻撃を仕掛けなければならないと考えた。そのため、彼女たちの言説と行動の過激さや、女性に不可欠な礼節と慎みを欠いたことで、社会に衝撃を走らせたことを口実にした。

この点で、かつて女性運動の支持者であったにもかかわらず、ダントン、バジール、シャボ[4]に近しい山岳派国民公会議員が、クレール・ラコンブに最初の反対票を投じた。ラコンブは略奪を扇動し、ロベスピエールを「シトワイヤン」の代わりに「ムッシュー」（この言葉は当時、侮蔑的な意味を持ち、要するに、ロベスペールの生ぬるい立場を非難している）と呼んだとして告発された。九月の終わりに彼女は逮捕され、数時間で釈放されたが立場を弱めることになった。女性活動家が、親ロベスピエールか、それともラコンブが率いる純粋なアンラジェかで激しく対立するなか、協会は防戦一方になったからである。その後、激しい非難の応酬が続き、多くの者が排除されたり、脱会したりした。彼女たちの唯一最後の支持者はジャック・ルーであった。一七九三年六月に攻撃を受けた後も、彼は恨みなく協会を支持し続けた。これ以後、女性市民協会はもっぱら食糧問題に専心した。

ますます女性が戯画化され、誹謗され、笑い者にされ、咎められるのをみて、山岳派は直接攻撃を始めた。彼らは、女性たちの身体、道徳の欠如、「ヒステリー」を非難した。身をもって表現している社会秩序が怖いものだという根拠がまたここでも持ち出された。すなわち、生きていくためには政治の場に口出しするしかないこの醜女たちを掻き立てる互いの嫉妬心、そして、女性が乗り越えてはならない「自然」の限界にまつわるおなじみの言説である。女性が置かれた境遇から解放されようとするや否や、すぐに利用されてきた、よく知られる論拠と口実である。

国民公会で女性がほとんど支持されなかったことは本当である。女性の役割と身分は彼らが擁護すべき大義とはみなされなかった。例外は、一七九三年四月のロムと一〇月三日のルキニオであるが、彼らについては後述する。彼らは、女性の集会と議論の権利、彼女たちが教育を受け、政治生活に参加する権利を要求することが正当であると考えていた。

コンドルセは、一七九三年六月八日以来、逃亡して、もはやそこにはいなかった。オランプ・ド・グージュは投獄され、アンラジェは追い詰められた（ジャック・ルーは九月と一〇月に数回投獄され、一〇月二七日の投獄が最後となった）。協会の活動と女性の政治生活への参加に対する締め付けが強化された。ロベスピエールと彼の側近は、公共生活で女性が大きな役割を果たすことには好意的であった。しかし、彼女たちを女性であるという理由から非難するのではなく、むしろ、彼らが危惧を抱くアンラジェの「過激主義」を非難するのが目的であった。

一七九三年一〇月二九日、ダントンの秘書で、革命の暦月(5)の名前を考案した詩人ファーブル・デグランティーヌ（一七五〇〜一七九四年）の演説は、女性たちに対する山岳派の不安をありのまま反映して、赤いフリジア帽の着用にまで問題が波及したことを非難した。要するに、彼は、三色徽章を獲得しても、女性たちはそれにまったく満足しないであろうと決めてかかったのである。「この主題（赤いフリジア帽の着用）に関する法令を手に入れた後、そこで要求が止まらないであろうことに注意しなければならない。その後はベルトが、ついでベルトに二丁の拳銃を付けることが、あなた方には要求されるであろう」。彼はさらに付け加えている。「あなた方は、パンを買いに並ぶ女性の行列が、まるで塹壕に向かう行列のようにみえるであろう」。そして、こう結論を下している。

女性市民協会の会員は家庭の仕事にいそしむ女性ではないし、子どもから切り離せない母親でも、両親のために働き、妹たちの世話をする女性でもない。彼女たちは一種の遍歴の騎士であり、放縦な女子、雌の擲弾兵なのである。

翌日、一七九三年一〇月三〇日、最後の粗暴な攻撃がなされた。国民公会議員のアマールが問題を提起し、自ら答えた。「女性は政治的権利を行使し、政治問題に積極的に参加することができるか。女性は政治結社あるいは民衆協会に結集して議決することができるというのか」。

前触れなく、ギロチンの刃が落とされた。女性が政治に関わることは禁じられたのである。女性活動家の運動の最盛期に下されたこの決定は、しかしながら、女性たちの要求と行動をただちに終わらせることはなかった。

第6章　一七九三年秋、反撃される女性たち

最前線

　とりわけ、公共空間における女性組織の存在が標的とされ、脅かされた。女性たちを公の生活や政治生活から排除しようとして、使い古されてきたありとあらゆる常套句がまたここでも蒸し返された。まず、女性に内在する精神的・身体的な弱さによる本性の限界が繰り返し述べられた。そこから、それらを巧妙に利用して、女性に何らかの責任を委ねるのが難しく、不可能でさえあると、いとも安易に述べ立てられた。月経や神経の苛立ちのままに、情動と感情によって衝き動かされる女性は、理性を働かすことのできない存在とみなされた。ヒステリー、軽薄さ、理性の欠如といった常套句が女性の表象で再び用いられた一方で、戯画化された女性イメージもまた、彼女たちの行動や要求に、人間の本性に対する侮辱の烙印を押しつけた。公的役割を果たそうとする女性たちの主張は、彼女たちが女性本来の場所と役割から外れて、社会の均衡を脅かすものとされた。そのため、良き社会、良き習

俗に対する重大な侵害や言いがかりとして非難された。それは、教会によって何世紀もの間伝えられてきた、不吉で、邪悪、あやしげで、有毒有害な魔女に近いものをイメージさせた。

女性が解放されようとする意志、最近獲得されたばかりの民法上の諸権利、そして両性の平等の要求を前にして、男たちが女性によって指導されること、または女性と同等の立場に置かれることを恐れ、拒んだと考えることもできるであろう。しかし、もし戦闘的なフェミニズムの恐怖が根本的な要因をなしたとしても、そのような理解は、一七九三年秋の政治的状況によって引き起こされた、他の恐怖を覆い隠してしまわないだろうか。実際、そのような男たちの振る舞いは現実の政治的な危機意識によるものであったのか、それとも社会制度上の口実によるものであったのだろうか。

すでにみたように、国民公会議員のアマールは、女性たちを政治生活から排除しようとして、こうした議論の枠で演説した。

ジャン＝ピエール＝アンドレ・アマールの演説

イゼール県出身の議員で弁護士、国民公会の山岳派で保安委員会の報告者を務め、一七九五年に短い政治キャリアを終えることになるアマール（一七五五〜一八一六年）は、一七九三年一〇月三〇日、女性の市民身分に関する念入りに組み立てられた演説を行った。それはまさに性差別論の「傑作」であり、何世紀もの間、女性の疎外を正当化してきた様々な主張の要約にほかならず、前日（一七九三年一〇月二九日）のファーブル・デグランティーヌの「雌の擲弾兵」と「放縦な女子」を唱えた演説と同じ方針を掲げていた。この二人の山岳派議員は、数週間前に、口先だけで、日和見的であったにせよ、女性たちの要求を支持していたことを指摘しておこう。

一〇月二八日に、パリのサン＝トュスタッシュ教会近くのイノサン市場で発生したデモと騒擾を背景に、アマールは演説で、「女たちが赤いフリジア帽をかぶり、ズボンを履いて、他の女性市民に対して、同じ服装をするよう強制しながら、闊歩していた」ことを確認する。彼はそれらを「自称革命家」のデモと呼び、これらの過激な女性たちと反革命勢力の共謀を主張した。さらに、ジロンド派のブリッソが革命裁判所で裁かれたとき、彼女たちが反革命家によって操られていたことをほのめかした。彼はまた、パリのマルシェ・セクションの意向を支持した。同セクションは、「誰も服装の自由を妨げられてはならないこと、女性民衆協会は、少なくとも革命の間、固く禁じられること」を要求していた。

そのうえ、アマールは委員会に提起された質問を思い起こしながら、以下のように演説を続けている。[*1]

市民や特定の協会に、法律が要求しないことを他の市民に強制することが許されるであろうか。パリの民衆協会における女たちの集まり自体、許しておいてよいのか。これらの協会がすでに引き起こしてきた騒擾は、これ以上、それらを許しはしないのではないか。(中略)女たちは政治的権利を行使し、政治問題に積極的に関与することができるか。女たちは政治結社あるいは民衆協会に結集して、議決することができるか。これら二点について、委員会は否定的な決定を下した。

保安委員会の決定は、女性が身体的にも知的にも資質を備えていないという事実と同じく、政治的権利の「行使に際して要求される精神的・肉体的力」が、「妥当な意見によって退けられている」という事実に基づいていた。

アマールは以下のように述べている。

女たちが本性によって宿命づけられている私的な任務は、社会の普遍的な秩序に由来する。(中略)各々の性は、それぞれ固有の職種に就くようになっている。各々の行為は越えてはならないその枠組みに限定されている。というのは、それを否応なく要求するのは、人間に限界を与えた自然であり、いかなる法でもないのであるから。男たちは頑強で活力に満ち、大胆さと勇気を備えて生まれついた。(中略)男たちだけが、高い集中力と忍耐強い検討を要する深く真剣な考察に適しており、その能力は女たちには与えられなかった。

アマールにとって、習俗と本性は、女性たちに固有の任務を割り当てたという。すなわち、「人々と子どもの教育を今から始め、彼らを最善へと向かわせ、精神を育み、徳を愛させる」ことである。そこでアマールは、「女たちは祖国に貢献できるはずである。おそらく、女たちが子どもらに祖国を深く愛させるために、自由の原理のなかで、自ら学ぶことが必要である」と述べる。「女たちは民衆協会の討論に参加することができた」。しかし、それへの参加は、アマールからみれば、「彼女たちの魅力である穏やかさと慎ましさとは両立できない」ものであった。

同じ演説で、彼は女性たちが公共の場に現れて、男たちと闘うのを激しく非難している。

我々は、女たちが政治に口を出すために家庭を離れるべきではないと考える。女たちの結社が危険であるのはもう一つ別の観点からである。もし男たちの政治教育が始まったばかりで、すべての原理が十分に発展しておらず、自由が未熟なままであるとすれば、道徳教育がほとんどなされていない女たちは、当然、それらの原理について、男たち以上に啓蒙されてはいない。したがって、民衆協会に女たちが出席すれば、間違いや誘惑に晒されやすい女たちに、政治での積極的な役割を与えかねない。

情念の激しさによって支配され、興奮状態に陥りやすい女性の生物的「体質」を再び主張しながら、アマールは、「女たちは子どもらに祖国への愛ではなく、憎悪と偏見を教え込むであろう」と危惧し、こう演説を締めくくった。「したがって、おそらく、あなた方は我々と同様、女たちが政治的権利を行使するのは不可能であると考えるであろう」。反革命によって女性たちが操られているという考えが、とどめの一撃をなした。「あなた方は、アリストクラシーが、女たちを男たちとの闘争状態に陥らせ、これらの紛争のなかで、ある立場を選ばせることで男たちを分裂させ、騒擾を掻き立てるために設立された、これらのいわゆる女性民衆協会を潰さねばならない」。

この長ったらしい誹謗の後、国民公会は次の条項を採択した。「第一条、女性のクラブと民衆協会は、いかなる名称であれ、禁じられなければならない。第二条、民衆協会のすべての会議は公開で開催されなければならない」。

アマールの演説は、ピエール・ルーセルのようないく人かの医者が伝えてきた、男性と女性の生物的な違いと女性の劣等性に関する考えを正当化した。[1] 一七七五年、ルーセルはこう書いている。

女性は、年頃になっても、男性に比べて、元々の体質から変化しないように思われる。（中略）女性は子どもの気質をいくらか保持している。（中略）女性の諸器官の構造は最初の軟弱さを失わない。（中略）女性は男性よりも高尚な思考ができない。（中略）女性特有のばらばらな考えは、政治のより広大な視野と、すべての男性にみられる道徳の偉大な諸原理と対立する。

当座の措置

前年の秋に獲得されたばかりの市民的成果は見直されなかったが、ただちに、公共の政治生活と職業生活から女性たちを全面的に排除する準備が行われた。実際、アマール法のすぐ後に、女性たちはクラブを出禁となり、女性協会は解散し、彼女たちから発言の場が奪われた。

アマールの演説の翌日、一七九三年一〇月三一日法は、男装、すなわち女性による男性の制服や衣服の着用を禁じた。それは、女性が女性の境遇から抜け出して、上級モデル(=男性)と等しくなるために利用される手段とみなされたから禁じられたのである。加えて、自然の法則に反し、女性に期待される慎み深さを持たない彼女たちは、社会の均衡に脅威を与える、過激な要求を掲げているとみなされた。もっとも、男性が女装することはさらに厳しい制裁の対象になった。というのは、男性が劣等な存在(=女性)を模倣しようとするのは、思いもよらないスキャンダルであり、自然に反するものとみなされたからである。要するに、その法律は、女性による男装を、単に彼女が従順でないために起きたことと捉え、男性の女装よりも厳しく罰することだけはしなかった[2]。

軍隊からも排除される女性たち

女性従軍商人、酒保(軍隊に日用品や嗜好品を販売する売店)の女経営者、洗濯女、売春婦、ときには男装した女兵士は、常に、国王軍に従軍していた。逆に、一七八九年以来、とりわけ一七九二年から、女性は女性として自発的に戦闘に参加し、部隊について歩き、彼女たちの性別を隠すわけではないが、男性の制服、たとえば、憲兵、擲弾兵、砲兵、射撃兵の制服を着用した。彼女たちの中には、入隊前にすでに、バスティーユの事件やテュイルリー宮殿の襲撃で勇敢さを証明した者たちもいた。しかしながら、革命期の軍隊が女性たちで埋めつくされていたと想像してはならない。史料によれば、その数は八〇人ほどであった。そのうち四四人の人生について、不完全ながら辿ることができる。年齢が判明している一八人は総じて若かった。

入隊時には二〇歳以下が多く（四人は一五歳であった）、六人は二〇～二二歳、三人は三〇～四八歳の間であった。八人は男性の身分で入隊したが、多くは女性であることを隠さなかった。少なくとも一六人は、同じ大隊に親戚が一人か数人はいたようである。（中略）それらは、軍人としての誇りよりも、革命精神に衝き動かされた家族たちであった。[3]

先立って集団的な運動によって、市民権の獲得の手段として女性の武装化が要求されたのとは反対に、この場合は、軍隊への入隊は個人的で、ほぼ象徴的な行為にとどまっていた。士官や下士官に選ばれたいく人かの女性が勇敢さ、権威、威勢を証明したにもかかわらず、軍事ヒエラルキーのこの革新性は男たちを当惑させたであろう。実際、彼らの多くは女性に指揮されるのを嫌っていた。

これらの例外的なケースは、国民公会に送られた一七九二年末から一七九三年初頭にかけてのマネット・デュポンの嘆願書（『国境に向けて出発し、諸国の暴君と戦うために、男装して入隊したパリの女性市民九〇〇人の出発』）がいかにユートピアにすぎなかったかを示している。中隊、大隊、軍団に組織される一万人の女性市民部隊の創設を提案したそのテクストは、真実味に欠けているので、注意して読まなければならない。

さて、「軍隊の奉仕に無用な女性」を除隊させる一七九三年四月三〇日の国民公会の法令は、一週間以内に女性たちが兵営から立ち去るよう命じた。彼女たちの存在が兵士を「柔弱」にさせ、「女々しく」させるという理由からであった。それ以後、洗濯女と酒保の女経営者しか従軍は認められず、要するに、軍隊の女性の立場は使用人のそれに後退した。その一方で、法令はこう規定していた。すなわち、「現在、軍隊で奉仕する女性は、軍務から排除されなければならない。彼女たちには家に帰るために、パスポートと一里につき五スーが支給されなければならない」。しかし、その決定は、少数の決意の固い女性たちが戦闘に参加し続けるのを妨げなかった。

法令の内容は、創刊以来、公共生活への女性の参加に反対してきた『パリの革命』紙の提案と同じ方針に位置づけられるものである。一七九三年一月から、同紙は以下のように書いていた[4]。「女性が軍隊ですべきことは何もない」。彼女たちは、家庭の外に「誤って身を置いてしまった。（中略）武器と戦闘は我々男性に任せよ。あなた方女性の指は、針仕事をし、人生の困難な道に花を咲かせるために、デリケートに作られているのだ。あなた方にとって、英雄的な行為とは、家事の負担と苦痛に耐えることにほかならない」。

最後に、一七九三年一一月一七日、パリ・コミューン総評議会で述べられた総代ピエール＝ガスパール・ショーメット（一七六三〜一七九四年）の演説を引用しておこう。それはアマールの演説の延長線上に位置している。サン・キュロットの代弁者である彼は、この演説で、女性を服従させることを繰り返し主張した。エベールに近く、ジャック・ルーとは反対に、「極端主義者（Exagéré）」とみなされた彼は、両性の平等を認めず、ロラン夫人とオランプ・ド・グージュの処刑を高らかに称えた。彼にとって、彼女たちは「女性の義務を忘れた」者たちであった。彼はパリの「革命共和女性市民協会」に向けて訴えながら、とりわけオランプ・ド・グージュを標的にした反女性的な主張の濃縮物たる「性差別論の傑作」を生み出した。

おとこおんなで恥知らずなオランプ・ド・グージュとかいう女は、初めて女性協会を設立した一人であるが、家事を放棄し、政治を論じようとして罪を犯した。（中略）すべてこれらの背徳的な女たちは、法律による復讐の裁きを受けて、根絶やしにされてしまった。さて、あなた方はまだ彼女たちの真似をしようとするのか。まさかそうではあるまい。あなた方に真の敬意が表されるとすれば、それは自然があなた方に望むことに努める以外にはありえない。我々は女性が尊敬されるのを望んでいる。そのため、我々は、女性が女性であることを大切にするのを望んでいるのだ。

ショーメットは、女兵士の「おぞましく醜い」身体の性質を主張しつつ、以下のように続けている。

軍隊に入り込むのに成功した数十人の女たちは、（中略）男になってしまった。彼女たちは自然に反し、つまりは怪物になった。（中略）いつから女性は彼女たちの性を捨て去り、男になることが許されるようになったのか。いつから女性が家事や子どもの世話を放棄して、公共の場や演壇に現れるのをみるのに慣れてしまったのか。自然は女性に、子どもに乳を飲ませるために乳房を与えたのである。自然は女性にこう述べた。「女性であれ！」

したがって、ショーメットは、赤いフリジア帽の着用義務を女性たちに課そうとする「雌の擲弾兵」を告発した、九月二九日のファーブル・デグランティーヌの演説を裏付けたことになる。

これらの意見の表明や決定が女性たちの希望に弔鐘を鳴らしたにもかかわらず、いく人かの女性は戦闘に参加し続け、少なくとも従軍して、当局が女性にしぶしぶ割り当てた何らかの仕事に従事した。ところで、軍隊は女性たちが排除された唯一の領域ではなかった。なぜなら、公共空間に関わるすべての分野で、女性たちの存在、成功、力強さ、決然とした態度はますます許容されず、後ろ指をさされたからである。

女性から取り上げられた芸術

次第に、芸術分野から女性が排除されていった[5]。すでにみたように、かつてサロンやアカデミーに迎え入れられて、要求の多い富裕な顧客を満足させてきた女性たち、そして、新体制にあらゆる希望を抱きながら、絵画界でますます数を増やして活躍してきたこれらの女性たちについて考えてみよう。一七八九年以来、租税が市民になる手段となったので、彼女たちは象徴的な財政的貢献として、彼女たちの宝石を国家に寄贈した。一七九〇年九月には、アカデミー会員の女性画家アデライド・ラビーユ＝ギアールはアカデミー改革に乗り出し、成功した。しかしながら、その成功は束の間のものであった。というのは、もしアカデミーが女性会員の厳しい人数制限を撤廃し、女性がそこで教師になるのを認めたとしても、また、ル・バルビエ、パジュー、ルニョー、ヴァンサンなどの著名な芸術家の支持にもかかわらず、アカデミー会員の投票結果は考慮されず、彼女たちがアカデミーで教授する可能性は否定され続けたのである。

それでも、一七九一年、ある楽観主義が女性画家に広がっていた。なぜなら、アカデミー会員専用のサロン展への女性たちの参加は、一七八九年の五・六%から一一・六%に上昇していたからである。彼女たちがこの突破口に殺到したにもかかわらず、彼女たちの希望はすぐに閉ざされてしまった。そのとき、革命は女性を公的機関から排除するために、彼女たちの自由に対して締め付けを強化し始めていたのである。

結局、一七九三年八月、国民公会は諸アカデミーを廃止したので、女性はアカデミー画家としての職業身分を失った。一二月になると、アマールの演説に言及しつつ、「芸術共和主義民衆協会」は集会からの女性の追放を決定した。

ある会員が、女性市民が入場を許されているジャコバン協会の名をあげた。しかし、他の会員はこの例外を考慮せず、共和主義者であれば、女性は男性の仕事を完全に放棄しなければならないと述べた。この会員はまた、「確かに男性自身、芸術の才能を持つ女性とともに過ごすことで多くの満足を得られるであろうが、それは自然の法則に反している。最も自然に近い未開人であれば、女性は男性の仕事をするであろうか」、とも述べた。彼によれば、多くの女性たちが絵画に取り組もうとしたのは、著名な女性市民のヴィジェ＝ル・ブランが同じ分野で偉大な才能を示したからにほかならなかった。しかし、本来、彼女たちは、剣帯や警察の帽子を刺繍する程度にとどめておくべきであったのだ。

女性たちは新たに男たちの慇懃無礼と女性蔑視の虚栄心に直面した。それらは、革命前、ルソーからルーセル医師まで、多くの男性が述べていたことの完全なる蒸し返しである。

この最初の排除の論理に、一七九五年に創設されたフランス学士院からの女性排除が続いた。それ以来、もはやいかなる女性もアカデミーに入ることはできなかった。二世紀もの間、美術アカデミーは女性に門戸を閉ざし続けた。さらに、美術師範学校から排除された女性たちは、サロンで作品を展示するのを余儀なくされた。

職業からの排除の典型例

もし多くの女性が印刷所で専門的に特化した仕事に就いていたとしても、そして頻繁に、これらの施設が印刷工の寡婦によって経営されていたとしても、活版印刷はやはり男の領域であった。男たちは、同職組合を廃止したル・シャプリエ法にもかかわらず、旧体制の伝統を守るのに固執した。読み書きの能力と高度な職業技能の必要から、男性支配が正当化されたこの職業は女性に閉ざされていた。活版印刷工は男性の特権カーストをなしていた。

このような女性排斥に対して、一七九一年、バスティッド夫人は「女性向けの無償学校」の計画を提案した。それは、これらの仕事が「生まれつき、器用で、忍耐強くじっと座っていることに慣れた」女性たちにうってつけのものと考えてのことであった。彼女の考えでは、この計画によって、一五歳から三〇歳の女性で、「読み書き」ができ、「良き生活態度」を備える優れた労働者が、すぐに育成できるはずであった。活版印刷工の見習い女性は、学習のために、リセや図書館を自由に利用することが認められ、最も貧しい生徒は無償で受け入れられることが予定された。それ以外の生徒も三リーヴルしか支払う必要はなかった。女性が自分の働きで得た給料で経済的な自立を手に入れ、また世帯の負担を軽減することが、この教育の目的であった。

一七九三年春、彼女の計画は希望どおりとはいかなかったが、現実のものになった。厳選された一二歳以上の六〇人の女学生が、教育を受けるために四〇〇リーヴルを支払って入学した。当局によって奨励された女性印刷所は国家から受注し、一七九四年五月三〇日、公教育委員会の報告で敬意を表されている。しかし、この女性印刷所は、男の領域を侵食しながら、伝統的なヒエラルキーに逆らうものだったので、男性労働者の反感を買った。それを擁護する男たちはほとんどおらず、多くはそれを非難し、その存在を疑問視した。他のあらゆる分野においてと同じように、この男たちにとって、卑怯な競合相手であり、安い労賃で脅威をなす女性によって「取り替えられる」のは、堪えがたい屈辱と感じられた。女性の給料は男性の半分以下だったので、社会秩序、社会制度、経済の観点から、多くの不安を掻き立てた。しかしながら、男性からの激しい圧力にもかかわらず、女性印刷所は少なくとも一七九五年四月まで存続した。

一七九三年一一月、パリの彩色製紙工場が女性印刷工を雇用しようとしたとき、女性の雇用に対する同様の不満が生じた。随分前から、これらの企業は女性労働者を雇ってきたが、女性印刷工はまだ雇用されていなかった。前述の例のように、男性印刷工はその仕事を女性と分け合いたくないので、旧体制の同職組合に由来する彼らの特権に固執した。彼らはその職業の男性による独占を主張して、言葉や身体的な暴力、侮辱、脅迫、恐喝を用いて、全面的に抗った。

したがって、政治的、経済的、社会的な変化が急激に習慣を変えたわけではなかったのである。その一方で、これらの例は、目先の利益から、革新性に対する抵抗を自らに役立て、それらの矛盾を利用するための、当局の巧妙なやり方も明らかにしてくれる。

逆説的で曖昧な態度をとる当局

女性を政治生活から排除した後、一七九三年一二月に、ブキエ法が男女共学の学校の開設を義務づけたことは、逆説的であるようにみえる。それは、一〇月以来、国民公会によって可決された、男子と女子の初等公教育を創設する一連の諸法令の結果であった。この法令により、共和国はすぐに教員を必要としたので、当局は女性教師の採用を決定した。経済的自立を保証し、女性解放を実現するとみなされたこの職業は、フランス革命を崇拝するイギリス人女性、メアリ・ウルストンクラフトによってフランスで奨励された。

ウルストンクラフト

ウルストンクラフトは一七九二年から三年間パリで男女共学の教育を推奨し、女子だけの寄宿学校や寄宿制度を批判した。しかし、男女平等のための闘いでは、彼女の社会的保守主義の傾向のために、一定の限界がみられた。実際、彼女の言説や書き物は、自身が帰属する階層の女子についてしか述べておらず、恵まれない階層の女子のためには、まだ忍耐と時間が必要であるとされた。これに対して、いくつかの点で不明瞭であるが、ブキエ法はすべての子どもを分けへだてなく、学校に通わせることを規定していた。学業修了生たちの教育ポストを供給するために、「愛国心と良き生活態度を備えた、教養ある人々で構成される」採用委員会が招集され、聖職者の代わりを務める、「公的で世俗的」な男性教師と女性教師をこの採用委員会が選別した。聖職者は、たとえ国民に宣誓したとしても、教職から遠ざけられた。

助産婦を育成するために、国立助産学校の創設の考えが出てきたのもこの頃である。一七九五年に開設されたその学校は、ラ・シャペル夫人によって指導された。この教育施設は著名なデュクードレ夫人と同じ道を辿った。彼女は一七五九年から、助産婦の育成のために五〇〇〇人にのぼる女子を教えていた。旧体制期、外科医の組合に加入していた助産婦は、外科医と医師を対立させた競合の犠牲になった。新たに育成された助産婦は都市部で働いた。しかし、都市部の人口はフランス全体の一五%にすぎず、逆に、大半の住民が暮らす農村部では、教会の影響下に置かれた専門的な知識を持たない産婆たちが活動し続けていた。当局がその影響力を削ごうとしたにもかかわらずである。進行中の政策のもう一つ別の両義性は女兵士に関わっている。原則として、一七九三年以降、軍隊から排除された女性たちは、一七九九年になっても軍隊でみられたし、いく人かの女性は戦闘中に負傷して、その勇気が部隊長によって称賛されることもあった。それでも、武器を手に取るには男性でなければならず、勇猛さは男性の徳でしかありえないという感情もまた常に存在していた。一七九四年に、公教育委員会によって刊行された『英雄的・公民的行為選集』は、称賛と留保の間で揺れ動くこの逆説をよく示している。夫の横で戦った二人の女兵士の英雄的行為を称賛しながらも、それはとりわけ、戦闘の後、両者とも母親と妻の務めに戻ったと述べることで、男たちを安心させたのである。

したがって、革命が、戦闘、絵画、文学、または工場での諸活動を、女性に開こうとしていたようには思われない。このような公共空間からの女性の排除は、幸福感が漂い、囚われない発言が可能であった時代の後、一七九三年秋に、「突然」の方向転換を果たしたようにみえる。それは、男の領域に女性を受け入れるのを拒んだ結果であったろうか。当局の唐突な逆走は、他の無意識の恐怖を覆い隠してはいないだろうか。みなが同意する男性優位の論拠のプラグマティックな利用が、時代の精神には合致していた。それは、政治と経済の舞台における女性の闖入《ちんにゅう》に狼狽し、憤慨した男性に有利に働いた。その一方で、山岳派は公共空間から女性を排除するために、これらの安易で陳腐な主張を利用したのである。

問題の裏側

女性を政治生活から排除することで、政府は実際に何を標的にしていたのであろうか。女性自身か、それとも女性が表象した自由と解放の不安を引き起こす新たな象徴であったか。あるいはむしろ、山岳派には、女性たちの政治参加が、政治的、さらには社会的な脅威そのものとして感じられていたのか。実のところは、彼らは、熱狂的で、制御不能なアンラジェを、より全体的な運動の尖兵とみなしていたのではなかったか。政府が激しく女性を攻撃した理由は、実際には、素朴な反フェミニズムよりも両義的で、複雑なものであった。

一七九三年秋から山岳派当局は、男性に脅威を与える経済的競合を強調し、女性の本性の限界を再び前面に押し出しながら、厄介になった社会運動を鎮め、再び手中に収めようとした。それ以来、政権はもはや社会運動の補助力をあてにする必要はないと判断した。統治者が満足させることのできない、あるいは満足させようとも思わない急進的な運動を、何が何でも弱体化させることが喫緊の課題となった。男性を糾弾するのが難しかったのに引きかえ、逆に、女性たちの場合は、周りから女性蔑視を煽ることが容易で、傲慢さを印象づける文化的な伝統が存在していたので、非難に晒しやすかった。要するに、女性活動家には政府から運動の弱点を宿しているとみなされたのである。

このブルジョワ革命[6]の中で、男性優位と反フェミニズムの影響力を過小評価してはならないとしても、それだけがこの後退の要因ではなかった。「一七八九年の礎」と呼ばれる革命の政治的成果を守るために、一七九一〜一七九三年の限られた期間、山岳派は、その支持が彼らに不可欠なサン・キュロットに自由に意見を表明させようとした。ところが、サン・キュロットの運動があまりにも社会的な性格を伴う諸措置、あるいは社会制度の根本的な変化に関わる諸措置を要求するために、政治的要求の領分を越えていったとき、それは山岳派によって危険視された。もはや単にそれを抑え込むだけでなく、それを破壊しなければならなかった。

最も急進的な革命家を服従させなければならないこの局面において、山岳派当局にとって、男性の本能をくすぐりながら、男性と女性を分裂させるのが都合よかった。そう考えると、一七九三年一〇月以降、当局が女性を標的にして、彼女たちを公共空間から排除しようと試みた理由がよくわかる。

オランプ・ド・グージュという非常に雄弁な例を取り上げてみよう。『女権宣言』と数々の戯曲が思い出される彼女は、革命家の男性優位と素朴な反フェミニズムの犠牲者とみなされてきた。しかし、もし誰もこの現実を否定できないとしても、その説明はやはり不十分である。実際、彼女を逮捕するにあたって、『女権宣言』の影響力を大いに超える、客観的な政治的理由が存在したのである。そのうえ、この厳密に政治的な性格を持つテクストを除いて、彼女が社会的な政策を推奨することはまったくなかったし、事実はむしろその逆であった。彼女は決して制限選挙を非難しなかったし、普通選挙を要求することさえなく、また社会的要求の前線に立つこともなかった。

グージュがマリー・アントワネットを擁護したのは君主政支持者としてであったし、また一七九三年五月三一日から六月二日の一連の事件の後、追放されたジロンド派議員を支持したのは、ジロンド派としてであった。そして、最後に、彼女は一七九三年憲法に激しく反対し、ロベスピエールを告発していた。

山岳派によって革命の敵とみなされたジロンド派のロラン夫人に関して言えば、彼女の政治的・社会的主張が死刑を正当化させた。

もし反フェミニズムが山岳派の最初の動機であったならば、「革命共和女性市民協会」のポーリーヌ・レオン、クレール・ラコンブ、その他の女性活動家もまた、ギロチンを免れることはできなかったであろう。山岳派にとって、これらの活発な女性活動家の排除は、とりわけ、女性を取り除くことで、運動全体の弱体化を可能にした。公共空間を女性たちから解放することは、すなわち社会的要求の淘汰を意味した。このように伝統的な反フェミニズムと政治的・社会的恐怖に挟まれたブルジョワジー出身の山岳派議員たちは、同様に、厳格主義的な道徳の強い影響を受けてもいた。

革命の道徳厳格主義的ブルジョワ化

エリートの道徳厳格主義的性格とブルジョワ化は、何世紀も続くあらゆる分野での男性優位と容易に結びついた。すなわち、軍隊、芸術、「男」の仕事、政治、売春である。

ブルジョワ革命において、売春に対する革命家の立ち位置は、女性たちの要求を前にした政府が政治分野でとった態度と似通っている。実際、一七八九年から一七九一年にかけて、最初の「ブルジョワ」的な局面がみられ、ついで一七九二年から一七九三年にかけて「無政府主義的」な急進化の絶頂に至り、最後に一七九四年から一七九五年にかけて、道徳厳格主義の刻印を受けたブルジョワ的原理への回帰がみられたのである。事実、民衆層の女性たちのフェミニスト的な要求は不適切であると批判されたし、彼女たちの解放的な生活態度は、早々に、「アリストクラート」的な放蕩の無分別な行動を彷彿させるものとみなされた。

もし当初、革命家が売春を無視したとしても（この時期、「法の沈黙」が語られる）、彼らは次第にそれを規制する警察制度を設置して、一九世紀の法制化に道を開いていった。(7)

実際、一七九一年刑法典は売春を、瀆神の言葉に倣って、道徳の重みを軽くする「想像上の罪」に属するものとみなした。一七四四年に生まれ、一七九三年にギロチンで処刑されたジロンド派で立憲聖職者のクロード・フォーシェだけが、売春を禁じる法律を何とか可決させようとした。しかし、彼は、当時議員で、将来の総裁であるジャン゠フランソワ・ルベル（一七四七〜一八〇七年）の支持しか得られなかった。ルベルの方では、公共空間を「清浄」し、「誠実な沿道の住民たち」を満足させるために、その犯罪に明確な定義を与えることを望んでいた。当局が目を閉ざしていたとき、フォーシェは守るべき公共空間である街路と、侵すべからざる私的空間に巣くう放蕩を対置するにとどめた。この問題について、一七九一年に、ロベスピエールは「私的な場の秘め事」〔当局は私的空間に干渉すべきではないという立場〕と考えていた。

ところが、厳格な調査を可能にした共和暦二年（一七九三〜一七九四年）の家宅捜索が実行に移されたとき、状況は一変した。反革命家の隠れ場であるパレ・ロワイヤルのような高級売春宿に潜伏した革命の敵を駆り出す必要があった。政治生活から女性活動家が追放され、女性クラブが閉鎖された時期に、売春は「公民精神を欠いた」行為とみなされ、売春婦は同様に、公共空間の「モラルを正す」という口実で、そこから排除されたのである。

それ以来、あらゆる口実が売春に対する闘争のために利用された。たとえば、健康な社会体を毀損する性病の恐怖が想起された。売春婦は少しずつ社会から孤立していった。警視庁の起源となる警察中央局が売春婦を監視するために一七九五年に創設され、一七九八年に、公共の場での客引きが罰則の対象になった。

この変化には三つの注目すべき点がある。第一に、女性の「性的逸脱」が男性以上に厳しく罰されたこと、彼女たちを売春に追い込んだ貧困問題について、当局がそれをまったく考慮しなかったことである。売春婦は「放蕩女」や「色情女」のように扱われた。あえて彼女たちの境遇を告発しようとした売春婦は見捨てられた。同様に、個人の邸宅で営まれ続けた上流社会の売春が脅かされなかったことも注目しなければならない。実際、悲惨な境遇に満足しない民衆層の女性たちや貧民女性を公共空間から一掃する必要があった。したがって、女性活動家と売春婦は、民衆層の危険な女性という同じ俎上に載せられたのである。

結局、「寛容と特別な監視地帯」の設立を推奨していたレチフ・ド・ラ・ブルトンヌの主張に倣い、売春が「必要悪」であるという考えを認めながらも、公共圏は単にブルジョワ化の途上にあっただけでなく、道徳厳格主義の勝利の場にもなった。ところが、これらの限界、留保、言葉の落とし穴、禁止事項にもかかわらず、一七九三年秋に、女性たちは要求を引き下げず、体系的に政治に干渉し続けたのである。

第7章　闘い続ける女性活動家

政治生活への女性の関与を事実に即してみてみると、それが厳密に女性だけの闘いであったとは決して言えない。不満から引き起こされた運動は全体に関わるものであったので、女性運動を孤立させ、ゲットー化させることはできない。ところが、一七九四年冬の警察史料は、いかに女性が革命運動の中で、特異な原動力としての様相を呈していたかを示している。一七九三年一〇月三〇日の法令が女性たちに政治生活への参加を禁じた状況の中においてである。実際、一七九三年九月に、急進的な女性運動は過激化し、一七九三年から一七九四年にかけて、とりわけ一七九四年二月半ばに絶頂に達した。

それはさておき、反革命勢力による策略的なアプローチに関して言えば、女性がその理想の餌食になったと主張する、女性に対する辛辣な評価を避けなければならない。身体的な弱さ、生物学的な劣等性、教養と政治感覚の欠如のために、簡単に操られる女性たち、そして、宗教の教えにより、男性以上に反革命の主張に共感しやすい女性たち、といった評価である。

一七九三年一一月から一七九四年七月二七日まで、たえず要求し続ける女性たち

不測の事態と統治者のためらいにもかかわらず、一七九四年冬の初めに、女性革命運動はそれでも戦闘意欲満々であった。反革命勢力が望んだのとは反対に、失業の増加と重なった食糧問題の再燃は、女性たちの熱意をいっそう掻き立てた。

共和暦二年には、簡素な服装や節食が好まれ、逆に、豪華さを顕示したり、これみよがしに派手な生活を送ったりするのは悪い流儀とみなされた。時代の空気はこの種の風潮に批判的であった。誇示は排除すべきアリストクラートの傲慢さと同一視された。金銭さえ評判を傷つけかねないものとなった。この状況下で、失業の波が、とりわけ高級品の製造業を専業とする女性労働者に痛手を与えた。その結果、きめ細かな生地を取り扱う高級婦人服の仕立屋、レース編み女工、刺繡職人、また、飾り紐の製造業者と販売人、紡紗工、羽細工職人、帽子製造業者、その他、顧客の贅沢嗜好向けの職業に携わる女性たちの仕事が奪われた。専門的な能力を備えた女性労働者の不満に、石鹼の高騰に激しく怒る数多くの洗濯女や市場の女たちの不満を加えなければならない。後者の革命に対する感情はたいていはさめていて、無関心と反発の間で揺れ動いていた。彼女たちは頻繁に革命に対する不満の拡声器の役割を果たした。

革命への変わらぬ支持、忍耐、常に抜かりないが、ときにみられる不信の間で煩悶する女性運動は、

徒党（factions）の紛争が始まる一七九三年一一月に、その力強さと生命力の大半を保っていた。

女性たちと徒党の闘争

一七九三年一一月末から一七九四年四月初頭までの四ヶ月間、多くの人々を動員し、政治舞台を支配した紛争に、女性運動はいかに関わったのであろうか。これら数ヶ月の間、政治に関与した女性たちの行動は、革命政治、イデオロギー、経済の変化について、徒党の二つの矛盾する考えにぶつかったように思われる。

一方では、ダントンと彼の支持者、すなわち「寛容派」が恐怖政治を緩和し、さらには廃止して、組織に対する圧力と経済生活の監視を緩め、山岳派によって行われてきた厳格な「恐怖政治」の無効性と無用さを証明しようとした。一七九三年一一月以来、ダントンの仲間たちは、財政スキャンダル、背任、偽造文書などで告発されて、危機に直面していた。そのため、ダントンは恐怖政治の緩和にいっそう好意的であった。彼の仲間のうち、国民公会議員のバジール、シャボ、ファーブル・デグランティーヌをあげておこう。ダントンがむしろ進んで、いかさま師ややましいところのある人々で取り囲まれたとしても、何の驚きもない。

他方で、商業と食糧供給のより厳格な管理を要求するエベール派とアンラジェがいた。彼らは、これらの決定を厳格に実行するには、「強制力」としての恐怖政治の強化が不可欠であると考えていた。女性活動家は彼らの要求と意見に賛同し、支持した。

一七九四年一月に、徒党の間で緊張が高まった。デモや路上の抗議において、過激派を支持する女性活動家が逮捕され、投獄された。諸事件が加速し、運動が拡大すると、権力の座に着く山岳派は、二つの徒党の仲裁を買ってでながら、それを鎮静化させようと試みた。ところが、一七九四年二月一〇日、アンラジェの指導者の一人であるジャック・ルーが独房で自殺したことで、事態は一変した。「革命共和女性市民協会」のかつての支持者の自殺は、一七九四年二月二六日、当局によるヴァントーズ法の可決を引き起こした。この法律は、「共和国の敵と認められた」容疑者の財産を没収し、貧民に分配するのを命じるものだった。しかしながら、それが各派に意味したわずかなことを考慮すれば、この新たな法律について、社会デモクラシーを語るよりもむしろ、不満を抱く人々に和解のきっかけを与えることが目指されていたように思われる。

徒党間の新たな和解の試みが無駄に終わると、山岳派は革命の脅威をなすこれらの不穏分子の排除を決断した。一七九四年三月一四日、疲れ果てたロベスピエールは国民公会の前でこう述べている。「すべての徒党は同じ一撃により消え去らなければならない」。かくして、エベール派の裁判が三月二一日に始まった。二四日の彼らの処刑は人々の反応をほとんど引き起こさなかった。四月二日、今度はダントン派の番であった。彼らは五日に処刑された。

一七九四年春に徒党が取り除かれると、人々は春の間少しばかり息をつき、食糧供給のわずかな回復の兆しを評価した。その一方で、彼らは常に山岳派が難色を示した最高価格令の強化を期待していた。具体的な社会政策が望まれていたのに対して、ロベスピエールは徳を称揚し、民衆の要求を脇にやることで、自らと民衆を切り離した。経済的状況を分析することができず、道徳的言説の品行と飢饉にわめく貧民の激しい怒りの間に大きなズレがあることを理解しない山岳派とその指導部は、民衆の期待に応えることができなかった。彼らは人々の強まる失望と倦怠感に気づかなかった。そのうえ、彼らは徒党を排除した後、民衆運動の支持をなおざりにし、もはや考慮する必要がないほどに強固な立場を築いたと思い込んでいた。サン・ジュストは不安を感じていたが、矛盾を解くことができず、一七九四年五月三〇日、「革命が凍結した」と宣言した。

いらだちと失望

それ以来、失望と落胆が蓄積されていった。一七九四年六月に、最高存在の祭典が盛大に祝われ、プレリアル法が恐怖政治を強化した。[*1] さらに軍事的勝利がもたらされて、緊張が緩和したかにみえた。しかし、その一方で、山岳派当局は民衆の要求に応えなかったので、彼らを失望させた。さらに、山岳派は互いに引き裂かれ、分裂していた。いく人かの議員グループがロベスピエールの信用を失墜させようと、彼を将来の独裁者、あるいはルイ一六世の娘と結婚しようとしたなどと非難し、嘲弄した。失望、幻滅、倦怠感は、女性運動と同様に、サン・キュロットにも強い影響を及ぼして、大きな社会不安の温床を作りだした。実際、彼らはテルミドール九日（一七九四年七月二七日）[*2] に干渉しようとはしなかったし、その争点をただちに理解しなかった。山岳派内部での応酬の最中、女性運動は弱々しい支持と無関心の間を漂っていた。女性たちはその出来事がある時代の区切りとなることに気づかず、たいした役割を果たさなかった。

ロベスピエールと彼の支持者一二一人の処刑の後、当局に与えられた猶予は短かった。テルミドール派国民公会はもはや一つの考えしか持たなかった。すなわち、ロベスピエール派を完全に排除し、共和暦二年の記憶を消し去ることである。ところが、反ロベスピエールのコンセンサスはただちに崩壊し、山岳派の最も洞察力のある者たちはすぐに不安を感じ始めた。彼らの方では、タリアンやフレロンのような、[1]かつての山岳派国民公会議員のいく人かのリーダーが、暇を持て余す反革命志向の若者たち、「金ピカ青年団」(ミュスカダンとも呼ばれる)を買収して、民衆運動を動揺させ、脅し、麻痺させた。

それ以来、国民公会を支配したのは、かつて恐怖政治を支持し、擁護していた(あるいはそれに疲れていた)者たちであった。[2]しかし、今や彼らは、かつて恐怖政治に反対する勇気を持たなかったという事実、前年にはそれを奨励さえしていたという事実を消し去り、逆に公然と非難することで、「徳を回復」しようと努めたのである。共和暦二年の記憶を抹消し、一七八九年の成果を保持しつつも、反動政治を行おうとする彼らは、自らの利益のためだけに、権力を取り戻そうとした。そのためには、民衆運動を政治生活から決定的に排除する必要があった。さて、前年の一〇月三〇日以来、女性は常に闘う準備をしていた。その一方で、数週間の小康状態の後、一七九四年秋以降、テルミドール派国民公会議員は、食糧危機の悪化と、より広く生活必需品の価格高騰に直面した。それは共和暦三年のカタストロフな経済的・社会的状況を予示していた。

テルミドール派国民公会と共和暦三年の冬

とりわけ、食糧供給の困難に強い不安を感じた女性たちは、一七九四年九月から、頻繁に政治領域に干渉した。

ロベスピエールの没落以来、最高価格令はもはや厳格に尊重されず、買い占め人は自由に投機できた。生産物の不足はそれらの価格を高騰させた。投機家は欠乏を拡大させることで、継続的な価格高騰の恐るべきサイクルを促進させた。一七九四年一二月二四日、最高価格令の廃止は食糧供給を崩壊させ、穀物の自由流通の再開によって食糧危機が再燃した。闘いの先頭に立つ「女性消費者」が激しく非難し、拒絶したのは、このような経済自由主義的政策であった。

途方に暮れた女性活動家はもはや彼女たちの革命をそこに認めず、テルミドール派国民公会をときがくれば闘うべき敵とみなした。当局は先手を打って、彼女たちを徹底的に追い詰めた。一一月九日から一一日にかけて、ジャコバン・クラブの傍聴席に座る女性活動家はミュスカダンによって殴られ、鞭で打たれるなど暴力を振るわれ、中には重傷を負う者もいた。女性活動家の抵抗も、一七九四年一一月一二日の国民公会によるクラブの最終的な閉鎖を阻めなかった。彼女たちは、テルミドール派によって送り出される「金ピカ青年団」の標的とされ続けた。女性活動家は意気消沈せず、街路で群衆に強く訴えかけ、扇動しつつ、国民公会の傍聴席とロビーを埋めて、干渉と抗議の拠点にした。同様の現象は全国各地でみられた。ルーアンでは、飢えて激高する女性たちがデモを行い、軍隊と衝突して、市庁舎に侵入した。アラス、ボルドー、カン、グルノーブル、リール、マルセイユ、モンペリエ、ポワティエ、トゥールーズ、トゥールのような大都市でも、アルジャンタン、ミヨー、ラングル、リオン、ロシュフォールのような小都市でも、同様の事態がみられた。一七九四年一二月八日、怒れる女性たちは、「かつてのフェデラリスト」を英雄のように迎え入れた国民公会に反発し、ジロンド派の勝利の帰還を挑発と受けとった。失望、緊張、怒りは頂点に達し、最も急進的な女性活動家は、ナントでの暴虐行為のために革命裁判所に召喚された「テロリスト」のジャン＝バティスト・カリエを擁護さえした。この人物は、恐怖政治を極度の暴力を持って実行し、五〇〇〇人から一万人もの犠牲者を出した張本人であった。一七九四年一月に、ロベスピエールによって呼び戻され、その所業について非難されたにもかかわらず、カリエは国民公会で政治キャリアを継続していた。テルミドール九日、彼の告発者が排除されたとき、歴史は彼に味方しなかった。カリエは一七九四年一一月二三日に逮捕されると、一二月一六日に処刑されたのである。女性活動家におけるように、多くの革命家にとって、この裁判は単に極端なテロリズムを裁いただけでなく、もはや価値の喪失が避けられない革命全体の裁判を意味していた。

それ以来、彼女たちの不満は食糧問題の枠組みを越えていった。そこには、テルミドール派に対する失望と幻滅が加わった。バブーフの『護民官』紙や、ルボワとシャールの『人民の友』紙のキャンペーンによって支えられた彼女たちの怒りは、共和暦三年冬の初めの例外的な厳しい寒さによって喚起された恐怖と重なり、一七九四年一二月から、彼女たちの闘争的な熱意を掻き立てた。

こうした困難な時期に、多くの女性が家族の必需品を購入できなかった一方で、けばけばしい服装で着飾る少数の人々が再び豪奢な生活を始めていた。この一部の金ピカ青年団や「洒落女」は、湯水のように金を使い、賭け事に興じ、新たにオープンしたレストランで貪り食い、自らの「成功」をこれみよがしにひけらかして、俗悪な生活に耽っていた。生活必需品の欠乏は一七九五年冬の初めには飢饉に変貌したが、彼らは尊大な態度で貧困を嘲り、女性たちに対して、懲罰的で卑猥な言葉を向けて罵った。

一七九五年冬

最高価格令の廃止の後、政府はもはや食糧供給の強制手段を持たなかった。そのため、冬の到来は人々を欠乏の最悪の危機に晒すことになった。

セーヌ川が凍結し、フランス全土が一七〇九年の冬以来の厳しい冬に苦しんでいた。(中略)ブリ平野やボース平野はステップに変わり果て、地方のオリーヴ畑はだめになり、ガール県とアルデシュ県の絹糸の収穫は全滅し、マンシュ県の河と河口は凍てつき、アヴィニョンとマルセイユの交通は閉ざされ、ピュイ・ド・ドーム県の山岳地帯の村々は孤立し(中略)、パリやリヨンの近くまで、ヴェルサイユ、サン・ジェルマン、ソー、ヴェーズの市場まで、狼たちがやってきた。(3)

当初、食糧不足と呼ばれていた飢饉は破滅的なものになった。寒さ、雪、凍結は、飢えた人々の体を弱らせ、かなり高い致死率をもたらした。最初の犠牲者は老人、子ども、病人であった。道路の凍結は交通を麻痺させ、諸都市への食糧供給を妨げた。民衆層や革命支持者に対していささかの感情移入もしなかった『夕暮れの使者』紙さえ、こう書いている。「路上には、青ざめ、痩せ細った人々しかみられない。その顔には苦しみ、疲労、空腹、貧困が刻まれている」。

騒擾や蜂起を恐れた当局は、とりわけ首都の食糧供給の問題に専心した。首都はアジテーションの強力な拠点として、地方の諸都市の模範となる恐れがあったからである。公安委員会では、当局がボワシ・ダングラスに、パリを優先する食糧供給問題への対応責任を委ねた。一七九四年一二月五日から一七九五年四月四日にかけて、彼は国民公会で一九回も発言したにもかかわらず、どんな具体的な措置も提起しなかった。「危機が過ぎ去る」のを「我慢して待た」なければならなかった。そして、「再建された商業の自由と最高価格令の軛から解放された経済は、すぐに繁栄をもたらしてくれる」に違いなかった。彼は、「食糧を貯蔵して」、状況を悪化させているとして、主婦たちを非難した。あらゆる手段を用いて、時間を稼ぐことが彼に言わせれば必要であった。かつて、最高価格令を厳しく非難していたにもかかわらず、結局、彼は食糧徴発と配給券の配付を実施し、人々にパンを配給した。しかし、一リーヴル二オンス（およそ七〇グラム）であったパンの配給をさらに減らすことで、彼は民衆と決別した体制のお手本をなしたのである。

深く傷つき、屈従し、飢えた人々は、容認できないほどの傲慢さをそこに感じた。一切れのパン、わずかの米や燃料を望む女性たちが、延々と列をなした。人々の集まりや群衆は乱闘や暴動を引き起こした。騒擾が、定期的に、サン＝マルソー街とサン＝タントワーヌ街で勃発した。パンの価格は、一七九〇年を一〇〇とすると、一七九五年一月には五八〇、三月には七二〇の水準まで上昇した[4]。

失業は減らず、むしろ増加した。テルミドール派国民公会は武器工場を閉鎖させたので、仕事が不足した。女性たちがもはやパンだけでなく、一七九三年憲法の適用を要求したのは、この最悪期の最中であった。一七九五年三月一八日に、ボワシ・ダングラスはパン屋の従業員に仕事を放棄させた悪意ある扇動者たちを脅迫し、平静を呼びかけ、激しく非難したのだが、すでに女性たちの要求の政治領域への横滑りが始まっていた。「政府はたえずあなた方のことを考えている！」、「パンは一日でもなかったか」、「あなた方が興奮すれば、それだけ欠乏するであろう。冷静な態度、平穏、秩序、経済、これこそがパリの食糧供給を可能にするのだ」。挑発的な言説は、共和暦三年ジェルミナルの革命の日々に行き着くことになる。

一七九五年四月から五月にかけての事件

一七九四年一二月以来、表明されてきた苦しみは、もはや耐えがたい熱病へと変貌していた。パン屋の前にできた人だかりや行列が増え続け、女性たちの怒りは革命の裏切り者とみなされた国民公会に向けられた。一七九四年一二月にカリエを支持した後、彼女たちが表明した呵責の念は、ロベスピエールを懐かしむものであった。彼女たちはもはや、ロベスピエールは「処刑」ではなく、「殺害」されたのだと語り、国民公会が「一般利益のため」に何もしないとおおっぴらに非難した。女性たちは、「国民公会に赴き、議員の喉元にピストルをあてて、追い出してやる」とか、「もし価格高騰が続くようであれば、商人の腹を槍で突き刺すぞ」などと述べたてた。堪忍袋の緒が切れた女性たちは、国民公会の中でうろついたり、路上で通行人を煽ったりした。パリの諸セクション総会は、サン・キュロットから主導権を奪い取った穏健な市民で次第に占められていった。そこから排除された女性たちは、再び認められようと、テルミドール派当局と闘う心積もりであった。一七九五年四月一日、ボワシ・ダングラスの議長としての任期の終わりまで数日のところで、その機会は訪れた。それは共和暦三年ジェルミナル一二日の事件として知られている。

国民公会の軽蔑的な扱いに我慢できなくなった女性たちは、パリ民衆の先頭に立ち、国民公会へと侵入した。彼女たちはボワシ・ダングラスが報告を読み上げるのを遮り、パンと一七九三年憲法を要求した。彼はまるで何事もなかったかのように演説を続け、三ヶ月前から述べてきたことを再び繰り返した。一七九五年四月四日（ジェルミナル一四日）、彼は議長の任期を満了すると、ほっとしながら、公安委員会を立ち去った。

この歴史的な日は、決然とした態度をとる、強力な女性グループの存在を当局に可視化させた瞬間であった。当局は公式にはその重要性を過小評価するふりをしたのであるが。状況が悪化していく一方で、当局は約束する振りをしながらも、彼女たちの要求に耳を貸さなかった。この出来事は地方に大きく反響し、パリの女性に倣って、各地で女性たちの不満が爆発し、騒擾を引き起こした。至る所で、一七九四年秋と冬の騒擾が思い出された。

この事件の後、多くの男性が武装解除されたが、女性たちの決意は止まらず、彼女たちは行動を継続し、拡大させた。実際、ジェルミナル一三日（一七九五年四月一日）からフロレアルを挟んでプレリアル一日（五月二〇日）まで、たえず一連の動員、干渉、無秩序、騒擾、暴動がみられたのである。歴史学の世界では「フロレアルの危機」と呼ばれる事態である。

フロレアルの危機で先頭に立つ女性たち

一七九五年四月二日から五月末まで、六週間続いたこれらの事件の間、女性民衆は自らの社会階層の一員として行動し、蜂起を呼びかけた。それは地方にまで反響した。政治的要求と結びついた穀物要求は、共和暦二年の女性サン・キュロット、「編み物女たち《トリコトゥーズ》」、「革命共和女性市民協会」の要求を大きく超えていった。

共和暦三年、女性民衆は運動を率い、店先での暴動や略奪、けちで、恥ずべき食糧配給を提案した民事委員に対する暴力がみられた。「こいつらはみんなろくでなしだ」と彼女たちは叫び、「ジャコバン（ロベスピエール）が彼女たちにパンを保証してくれた」時代を懐かしんだ。これに対して、ミュスカダンは容赦せず、彼女たちへの身体攻撃を増やした。

怯まない女性民衆は、毎日、公安委員会や食糧管理機関（Agence des subsistances）の前に結集して騒ぎ立てた。そして、一七九五年四月三〇日、彼女たちはもはや集まることに満足せず、パリに来る食糧運搬車を止め、穀物袋を開けて、自らその中身を分配し、数週間前から彼女たちが邪険に扱ってきた民事委員に悪態をついた。

国民公会の報告が確認するように、この時期は、女性たちの圧倒的な存在によって特徴づけられる。「非常に多くの女性たちの群衆は、男たちによって全力で支えられた」。それにもかかわらず、交渉すべき民事委員を指名するのは男たちに任された。したがって、古い性別役割分担の規範から容易に解放されたわけではなかった。時代の空気が相変わらず幅を利かせていた。彼女たちの行動がいかに激しかったとしても、女性たちはこの種の責任をためらうことなく男たちに委ねた。女性は扇動、男性は交渉という性別役割分担である。

興奮し、自発的で、混乱した女性運動は、当局をひどく不安にさせた。フロレアル一一日（一七九五年四月三〇日）の夜、保安委員会は軍事委員会に問い合わせつつ、とりわけ女性を標的にした法令を決定した。この法令は、略奪を目論む群衆や集まりの首謀者を特定し、委員や公職従事者を侮辱した個人を名指して、逮捕し、裁きを与えるものであった。しかし、制御できず、脅威をなし、過度に暴力的であると男性当局の目に映る女性たちのこの血気を、同法が抑え込むことはできなかった。彼女たちは男たちをひとまとめに、「臆病者」、「ろくでなし」、「間抜け」などとこきおろし続けた。

共和暦三年プレリアル一日（一七九五年五月二〇日）事件の首謀者たる女性たち

興奮と屈辱感が女性運動の決意を固めさせた。ジェルミナルの失敗と、一七九五年四月一〇日の諸セクションにおける男たちの一部の武装解除という恥辱が、共和暦三年プレリアル一日の原動力となった。飢えたパリ住民は、もはやパンのみならず、一七九三年憲法の施行を主張して、政治的な要求を掲げた。すでに民衆地区の騒擾が、フロレアルの危機の間ずっと、裕福な者たちの恐怖を引き起こしていた。これらの政治的要求は裕福な者からなる国民公会をさらなる不安に陥らせた。

プレリアル一日、民衆地区からやってきた女性たちは、いく人かの男性を伴って、国民公会に向かって行進し、侵入した。この対立の最中、議員のフェローが銃弾によって致命傷を負った。彼の首は切り落とされ、槍の先端に突き刺されて、議長の目の前で挨拶代わりの「お辞儀」をした。さて、この日、ボワシ・ダングラス（ジェルミナル一二日のパンの要求に対する冷徹な態度から、「ボワシ飢饉」とあだ名される）が会議の議長を務めていた。強く訴えられ、筆舌に尽くしがたい喧騒の中で、死の恐怖を感じた彼は、それでも夜まで持ちこたえ、一二人の山岳派議員が提出した諸法案への署名を拒んだ。群衆によって侵入され、埋めつくされた国民公会で、取り乱した議員たちは座席の下に隠れたが、その間、その日の英雄であるボワシは議長席にとどまり、群衆と会話するのを拒んだ。その毅然とした態度は、その後、長く続く彼の政治キャリアの成功を約束した。午前三時、国民公会は、西部地区

フルニエ・デ・ゾルム《フェロー議員の首にお辞儀をするボワシ・ダングラス、共和暦3年プレリアル1日》（1831年）

から来た国民衛兵によって解放された。

女性たちの決然とした態度は、そのとき、国民公会にいた参謀副官のヴィアルによる数日後の談話によって確認されている。パンを要求する女性たちの断固とした姿勢に恐れをなし、驚かされた彼は、以下のように述べている。

我々は女性たちと槍に取り囲まれた（両者とも危険を意味する）。彼女たちは我々に呪いの言葉を浴びせかけた。私の刺繍のついた襟と仲間の肩章を指差して、彼女たちはあいつらの首をちょん切れと叫んだ。（中略）すべての出口が塞がれ、我々は、武装部隊が解放しに来るまで、この残酷な状況下にとどまらなければならなかった。

したがって、フロレアルの騒擾のように、女性たちはこの蜂起を引き起こし、推進した張本人であった。

翌日プレリアル二日、女性たちは食糧の配給に満足した。要するに、彼女たちは政治領域を手放して、社会領域に戻っていったのである。プレリアル三日、いく人かの女性が民衆地区で抵抗を呼びかけ、男たちが赴いたが、すぐに武装解除された。翌日、国民公会の諸法令は彼女たちを街頭から追い払った。排除と鎮圧のサイクルが進行していた。

一七九三年九月から、女性たちが受けてきた当局からの攻撃にもかかわらず、そして一七九三年一〇月三〇日に、政治機関から女性が排除されたうえに、女性たちが自ら組織を作るのが禁じられた後も、彼女たちは残された最後の手段を使って闘い続けた。女性運動に対して次第に強まる抑圧は、古くから続く単なる女嫌いの結果ではなかった。女性は単に女性であるからという理由だけで攻撃されたのでもなかった。むしろ、政治的、経済的、社会的な領域にまたがる、全体的な抗議から生じた革命運動の強力かつ危険な構成要素として、攻撃されたのである。時代の精神的・文化的限界は、政治舞台から女性を容易に排除し、ついで、革命運動全体を破壊した。

逆説的にも、女性運動の絶頂と呼ぶにふさわしい、このプレリアル一日という厳密にパリで生じた事件は、その後の長い休止の始まりでしかなかった。もちろん、そのことは、これらの出来事の間、彼女たちがみせてきた決然とした態度や大胆さをまったく否定するものではなかった。

第Ⅲ部　公共生活から排除される女性たち

第8章　暗い未来

こうして一七九五年夏に勝利を飾ったのは、一八世紀後半の生物学者による「女性の本性」論に依拠した小ブルジョワの厳格主義的道徳であったろうか。革命に関与して以来、「良俗に反する下劣」なイメージで戯画化されてきた女性たちは、「しかるべき存在」に再び戻ったのであろうか。結局のところ、プレリアル四日（一七九五年五月二三日）に、国民公会において全員一致で可決されたテクストは、その精神状態を完全に要約している。

自由の敵によって惑わされ、扇動された女性たちは、女性が弱い存在であるという考えに付け込んで、路上を走り回り、群れをなし、行進し、至るところで警察・軍事活動に無秩序をもたらしている。そのため国民公会は、新たな命令が下されるまで、すべての女性たちを帰宅させることを決定した。この法令が路上に掲示されてから一時間後、まだ路上に残り、五人以上で集まる女性たちは、武装部隊によって追い散らされ、次々に逮捕されなければならない。

この法令はプレリアル八日（五月二七日）の法令によって補完された。それにより、逮捕された山岳派の女性たちはパリから追い立てられたうえ、監視下に置かれることが命じられた。彼女たちは「他の者を惑わせるので極めて危険」であるという理由からであった。

いったん抗議運動が打ち砕かれると、民衆勢力の自発主義、怒り、準備不足から生じた運動の逸脱が公然と非難された。民衆勢力は、経験が乏しく、混乱し、無思慮で、錯綜しているとみなされ、それらの無責任さ、組織の不整備、未熟さが批判された。民衆層のこの敗北は、もし必要であれば、一七八九年以来、革命の渦中のブルジョワジーにとって、民衆層がいずれの変化にも影響力を持たず、また、わずかな変化を導き、明確かつ平穏に諸要求を表明する能力を持たないことを証明するものとなりえた。

この分析から、何も所有せず、失うものが何もなく、したがって無秩序を引き起こすのも厭わない人々よりもむしろ、行動する前に熟考するのに慣れ親しんだ有能なグループ（政治階層）に、国益全体に関わる任務を委ねるべきであると考えられた。守るべき財産を所有し、「誠実な人々」の名において行動できる、穏健な人々だけが求められた。すなわち、危険な逸脱を防ぎ、不平不満の全体を枠にはめて、誘導できる専門的な政治階層である。

このような慎重な方針に従って、国民公会はプレリアルの翌日、一一人の国民公会議員を選出し（一一人委員会）、あまりにも民主的な一七九三年憲法の改正作業を命じた。しかしながら、委員会はすぐさま、改正ではなく、新たな憲法の作成を決定した。制限選挙の再建が念頭に置かれていた。同じ考えから、委員会は任期満了議員の三分の二の再選を要求する「三分の二法」の制定を決めた。同法は諸制度の安定を保証すると考えられた。その一方で、無秩序を好まない「最良の者たち」、すなわち財産所有者に、統治機構が委ねられなければならなかった。共和暦二年の激情は、結局、共和暦三年の理性に道を譲った。

明らかに、女性の復権はまったく問題とされなかった。逆に、女性に関する常套句、偏見、決まり文句が言説を支配した。鎮圧が開始されて、民衆運動のかたまりが壊され、男女の活動家たちは沈黙を強いられた。当局は公共空間から女性を締め出して、彼女たちを私的空間に再び閉じ込めた。

鎮圧

もし女性たちがこの鎮圧によって大いに打撃を受けたとしても、サン・キュロットもまた、大きな痛手を受けた。恐怖が大きければ大きいほど、鎮圧は容赦ないものになる、といった格言が示すように、プレリアル一日以降の鎮圧は極めて過酷なものであった。二五〇〇人以上の諸セクションの戦闘分子が、死刑、投獄、軟禁、逮捕、武装解除を宣告された。プレリアルの殉教者のみせしめ的な死刑宣告も忘れてはならない。諸法令を提案するために発言したという理由だけで、六人の山岳派議員、ブールボット、デュケノワ、デュロワ、グージョン、ロム、スーブラニーは、自殺を試みた後、処刑された。それ以来、民衆運動は存続したが、もはや政治的に危険な力を持たなかった。

女性たちに対しては、プレリアルの翌日からすぐに逆流が生じた。プレリアル一日の夜、国民公会の傍聴席から追い出され、四日には、議員のアンドレ・デュモンの提案で、街路から一掃されると、女性運動は窒息し、一七九五年六月から七月にかけて、決定的に解体された。

プレリアル五日（五月二四日）、当局は「良き市民」に対して、「殺人者、流血を好む者たち、盗人、テルミドール九日に先立ち存在した専制の代理人たち」を武装解除させ、容易に逮捕できるよう要求した。部分的に欠落する史料によれば、一四八人のパリの女性たちが逮捕され、投獄され、他の一九人は尋問され、自宅待機を命じられた。これら一六七人の半数だけが、プレリアル一日の蜂起に実際に参加していたことが明らかになっている。残り半数に関して言えば、当局は、共和暦二年やジェルミナルの諸事件に積極的に関与したという口実で、彼女たちを「予防のために」逮捕していた。これらの数字は、何が何でも「編み物女たち《トリコトゥーズ》」を排除しようとする当局の強い意志を確認させるものである。プレリアルの蜂起に参加し、逮捕された女性のうち、四分の三は食糧不足と価格高騰に対して闘った家族の母親であり、権利要求運動に熟達した女性活動家ではなかった。したがって、女性運動を全面的に弾圧し、その意志を挫かせることが問題であった。

それ以来、司法は女性たちに対して特有の対応を取りながらも、場合によっては、厳罰をもって臨んだ。いく人かの狡猾な女性たちは、自らの弱さや理性と判断能力の無さを口実にし、あるいは自分たちが無知で、嘘を見抜けずに操られたと主張することで、裁判官を懐柔できた。いったん敗北を経験すると、女性たちは男たちが用いる論拠を転用したのである。偽証や前言を翻すのをためらわない女性たちは、ときに寛大な判決を手に入れるのに成功した。裁判官は、性的「逸脱」の程度に合わせて、量刑を決めた。結局、被告に対して三六の死刑判決が下されたが、実際に死刑に処された者はおらず、流刑が宣告された一一人のうち、一人だけが夫とともに流された。

逆に、逮捕された他の女性たちは、その後も運動に関与し続け、堂々と反旗を翻した。たとえば、共和暦二年の女性活動家の一人ブードレーがあげられる。彼女を含む被告たちを前に、裁判官の態度はときに矛盾していた。彼女たちに対して、寛大にも軽い刑罰を科した裁判官がいた一方で、容疑をかけられた者のうち、有罪宣告なしに釈放されたのは三人だけであった。男性容疑者の四〇%が正式な手続きを踏まずに釈放されていたのとは対照的である。社会の中で期待される慎み深さから逸脱した女性に対しては、原則的に刑罰を科す必要があるとみなされたのである。

投獄された女性の半数は、二ヶ月間、監獄に入れられた。残りの半数は、共和暦四年ブリュメール四日（一七九五年一〇月二六日）の大赦を待つことなく、同年ヴァンデミエール一三日（一〇月五日）の王党派のクーデタの陰謀の後、釈放された。実際、この企てが頓挫すると、自らの弱点に気づき、不安を感じた国民公会は支持者をどうにかかみつけようとした。国民公会は、前年夏に、彼女たちをひどく非難していたにもかかわらず、掌を返し、あえて自らの言動を否認することまでして、反革命の攻撃から身を守ろうとした。この最初の転向が予示するのは、一七九五年から一七九九年にかけてみられる政治運営である。要するに、支持者を探し求めて右往左往し、王党派の強弱に応じて、民衆勢力に好意を示したり、厳しい態度をとったりするという、総裁政府の向きの定まらない舵取りである。

プレリアルの後、女性運動は包囲され、窒息させられ、沈黙した。女性たちは政治生活から姿を消し、私的空間に再び戻った。バブーフ事件のときでさえ同じであった。すなわち、一七九六年五月、最貧民層のために革命独裁を設立しようとした平等派の陰謀に対して、ごく少数の女性だけが、個別に、あまり重要でない任務を手助けしたにすぎなかった。したがって、一〇ヶ月足らずで、女性運動は根絶やしにされたのである。彼女たちが前年に具現した権利要求の牽引者としての面影はどこにもなかった。プレリアル一〇日（五月二九日）、警察の報告書は、「女性たちは家庭に戻り、政治的な出来事に何も語らなくなった」と述べている。他の報告書も、以下の言葉でこの事態を確認している。すなわち「女性たちは黙った」、「全面的な服従」、「女性たちの沈黙」、「平穏が完全に戻った」などである。もはや「スキャンダラスな脅威も（中略）女性たちの怒り狂った喧騒」も聞こえてこなかった。その後、長きにわたり、女性たちは沈黙した。彼女たちは公共生活全体から、要するに政治、芸術、文化、知性のあらゆる世界から排除された。

あらゆる分野での後退

もし革命の最初の数年で（一七八九〜一七九二年）、女性たちによって獲得された民法上の諸権利の大部分が保持されたとしても、逆に、旧体制から引き継がれ、革命によって正当にも守られてきた文化領域における女性の権利は、総裁政府の発足直後から消え去った[1]。実際、テルミドール派国民公会は、解散前に、ブリュメール三日法（一七九五年一〇月二五日）を可決し、何よりもまず、公共生活全体からの女性の排除を公式化する一連の法令を定めた。文化、科学、文学いずれも新たに設立される組織では、女性たちにいかなる場所も認められなかった。

革命の初期の段階では保持されていた女性解放のわずかな可能性、すなわち女性が芸術、文学、科学の世界に足を踏み入れ、才能を開花させ、社会で認められる可能性が、ここにきて閉ざされたのである。総裁政府期には、女性は絵画サロンから排除され、かつてのアカデミーの代わりをなす学士院に選出されることも、エコール・ポリテクニクやエコール・サントラルなど新設されたばかりの学校に、教師はもちろん、学生として入学することさえできなくなった。ソフィー・ジェルマンのよく知られた事例はこの後退をみごとに示している。彼女は偉大な数学者であったが、同僚たちと文通するのに、男性の偽名を使用しなければならなかった。初等教育の女性教師を除き、女性はすべての教職から遠ざけられた。

女性教師の例外

初等教育の女性教師は、男性教師に比べて給料が低かったにもかかわらず（学生一人につき、男性教師二〇リーヴルに対して女性教師一五リーヴル）、女性が教育に携われる唯一の職業であった。(2) 一七九三年末に、特別委員会によって採用された女性教師は、ブキエ法のおかげで、教育内容を明示し、公民精神と良き生活態度の証明書を提出するという条件付きではあるが、学校の開設を提案できた。一七九四年一一月には、今後、教師を志願する者は、「ディストリクト行政によって、行政機構構成者以外で、家長の中から指名される三人のメンバーで構成される教育委員会によって検討され、選出され、監視される」ことが法的に規定された。女性教師のモラルは男たちによって厳しく監視された。彼らは女性教師が何よりもまず、良き母親でなければならないと考えていた。なぜなら、彼女たちの仕事は母親の教育的役割の延長線上にあるものとみなされていたからである。そもそも、教職が女性に開放されたのは、この理由のためであった。私的生活での彼女たちの評判は、革命感情の純粋さのように、一点の曇りもない、優れて模範的なものでなければならなかった。しかしながら、農村部では、女性の教育レヴェルの低さは女性教師の採用をときにデリケートで骨の折れるものにした。そのため、当局は要求の水準を引き下げて、「針仕事に秀で」、「女子生徒のために字がまあまあ書ける」候補者に満足することもままみられた。(3) それも難しいようであれば、現場で育成して急場を凌ぐということもあった。

それでも、かなり苦しい生活状況を強いられた女性教師の不平不満は政府によって聞き入れられた。一七九四年一一月、政府は教師の給料を全国で統一させ、彼女たちの住居も用意した。逆に、今度は女性教師と男性教師の給料格差に対する不満が生じた。年間で、男性教師一二〇〇リーヴルに対して女性教師一〇〇〇リーヴル、人口二万人以上の都市では、前者一五〇〇リーヴルに対して後者一二〇〇リーヴルというのが一般的であった。

常に苦しい生活条件に加えて、共和暦四年ブリュメール三日法(一七九五年一〇月二五日)の影響が重くのしかかった。なぜなら、総裁政府は教育の無償を廃止したので、子どもを学校に行かせる家庭が女性教師の報酬を支払わなければならず、その結果、学生数がすぐに激減したからである。最も貧しい家庭は急いで子どもを退学させ、仕事に戻らせた。政府は女性教師に住居と庭しか保証しなかったので、学校経営は悲惨な状況に陥った。学校の設備はもはや適切に維持されなかった。

理論上は、視学官が読み書きそろばんと共和主義的な道徳教育を監督することになっていた。しかし、「女性教師が女性のすべき手仕事を教え込む」ために、針仕事がますます重視されていった。その一方で、当局は公民道徳の教育を命じていた。それにより、学生を革命祭典に連れて行かせるよう指導したり、毎週日曜日に、「誤った考えを捨てさせるため、そして朝早くから、慎ましい少女、貞淑な妻、良き母と（女性）市民の義務を学ばせるため」の授業を行わせたりした。(4) それでもやはり当局は、女性教師が急進的な主張をしないか恐れていたし、良き生活態度を厳格に守らせようと、共学を固く禁じた。

革命から生まれた女性教師という職業は、現実には、メアリ・ウルストンクラフトの掲げた理念とはほど遠いものであった。経済的自立を手に入れるのは実際には難しく、彼女たちの給料は、しばしば夫の給料の足しにしかならなかった。独身で不安定な生活を営む多くの女性教師は貧困すれすれのところにいた。いずれにせよ、女子初等教育は、一七九三年には、良き共和主義者の育成が問題であったのに対して、一七九五年から一七九九年にかけては、母親の育成へと変貌していった。要するに、女子初等教育は将来の貞節な妻と良き母親を育成するのをその使命としたのである。

このような非常に限られた分野を除き、女性は政治生活や知的生活、あるいは芸術活動から排除された。後述するスタール夫人やコンスタンス・ド・サルムのような例外もあったが、女性に対しては、いささかの独創性や創造力も否定され、「演技者」の役割しか認められなかった。結果として、女性は歌やダンスや演劇の仕事には依然として就くことができた。しかし、これらの限られた可能性を除き、女性の公的な役割は終わりを告げた。彼女たちは、近い過去にそうであったように、再び引き立て役の地位に置かれることになった。

総裁政府期に戻ってきた「きらびやかな」女性たち

いったん女性運動が鎮圧され、女性活動家が公共圏から追放されて、私的領域に閉じ込められると、労働者からブルジョワまで、すべての女性の運命は決したように思われる。彼女たちはみな、慣れ親しんだ匿名性に再び追いやられた。著名で、最も注目される女性たち、社交界を裏で取り仕切る女性たちやそこに巣くう女性たちにも、同じような運命が待ち構えていたのであろうか。それとも、彼女たちはこの状況から免れたのか。

もし革命前の規範が当時と同じように機能しなかったとしても、これらの影響力ある女性たちの社交界における活動の遺産や残留物がみられたことは否定できない。芸術家、作家、知識人、政治家を集め、会話を楽しむ交流の場が再び登場した。中には、ずっと存続しているものもあった。これらの場所では、上流階層の人々が優雅に交際していた。旧体制のサロンと、一七八九年から一七九四年にかけて登場した政治クラブやサークルの雰囲気を混ぜ合わせながら、引き続き女性が主宰する新たなサロンとして、重要な政治的性格を帯びていった。

革命が始まって六年が経ち、サロンは「混合様式」に変貌した。それこそが総裁政府期の「サロン」の特徴であった。事実、それは地道に連続してきたもので、穏やかで、私的で、閉鎖的な集会の是認にほかならなかった。

総裁政府期の「サロンの女主人」

非常に教養のあるこれらの女性たちは、一七八九年以前の伝統を再開し、続行するか、手直しして、作家、著述家、芸術家、科学者、俳優、政治家らを招いた。最も評判なのは、バック通りにあるスタール夫人の文学・政治サークルであった。彼女は生涯を通してずっと、何らかの政治的役割を果たしたいと考えていた。彼女は国王の処刑に途方に暮れて、一七九三年に恐怖政治から逃れるため、ジュネーヴ近郊のコペにあるネッケル家の領地に避難した。ロベスピエールの没落後、パリに戻った彼女はサロンを再開し、そこで政治家の中でもとくに、のちに総裁を務めるバラスを支持した(5)。

その一方で、革命前に現れて、女性が主宰してきたいくつかのサロンが存続していた。それらは優雅な会話の伝統を保持していた。たとえば、有名な俳優の元妻ジュリー・タルマ邸、ジロンド派議員コンドルセの寡婦ソフィー・コンドルセ邸、あるいは、シャストネー夫人やフォン・フンボルトも通っていた、シャルロ通りのロール・レニョー・ド・サン＝ジャン・ダンジュリのサロンやスーザ夫人（アデライド・ド・フラオー）邸にも、多くの人々が集まった。最も忠実に一八世紀の伝統に倣ったのは、書籍商パンクークの妹で、作家のジャン＝バティスト・シュアールの妻アメリ・シュアールであった。彼女は、ウードト夫人のように、哲学と文学のサークルを活気づけた。ウードト夫人とともに、貧しい子どものために保護施設を創設したパストレ侯爵夫人の義理の姉妹アデライド・ド・ラ・ブリシュのサロンもまた、同様に社交界で輝きを放った。アンヌ・ド・ヴェルジェンヌのサロンでは、とりわけ、シャルル・ド・レミュザとわずか一六歳で結婚した、娘のクレール・エリザベトの才能が傑出していた。

反革命の王党派または「ミュスカダン」のサロンもいくつか存続していた。たとえば、一七九四年から、サンティエ地区でロベスピエールの敵対者を集めたサン・ブリス夫人のサロンや、かつてルイ一六世の弟アルトワ伯の愛人であったエスパルベ伯爵夫人のサロンがあげられる。後者には、リシェール・セリジーのように、最も強硬な王党派で、のちに一七九七年のフリュクティドールのクーデタの犠牲になる人々が通っていた。

「総裁政府様式」のサロンの女主人たちは輝かしい評判を享受していた。影響力のある彼女たちはネットワークと人脈を駆使して、何某を推挙したりしなかったりして、裏で糸を引くことができた。彼女たちは、穏やかに、自らに有利なネットワークを作り出した。公共圏ではいかなる役割も果たさなかったが、これらの社交界の女性たちは選りすぐりの公衆を集めていた。影の女として、決して表に出ることのなかった彼女たちは、有力者との接触が必要ならば、自らの評判と人脈を駆使した。明らかに彼女たちは、裏では活発だが、自ら行動しない女性たちであった。

スタール夫人

多くの政治家を迎え入れ、交際し、裏で操ったにもかかわらず、彼女たちは総裁政府期に繰り返されるクーデタでは現場にまったく姿をみせなかった。すなわち、共和暦四年ヴァンデミエール一三日（一七九五年一〇月五日）の王党派のクーデタ、共和暦四年フロレアル二二日（一七九六年五月一〇日）のバブーフの逮捕、また共和暦五年フリュクティドール一八日（一七九七年九月四日）の共和派によるクーデタである。当選すれば急進的な議員となるであろう選挙人を排除した共和暦六年フロレアル二二日（一七九八年五月一一日）のクーデタでも、二人の総裁が罷免された共和暦七年プレリアル三〇日（一七九九年六月一八日）のクーデタでも、彼女たちは不在であった。さらに言えば、共和暦八年ブリュメール一八日と一九日（一七九九年一一月九日から一〇日）のボナパルトのクーデタでもそれは同じであった。

総裁政府のサロンの女主人の中で、おそらく最も著名なスタール夫人でさえ、諸事件から距離を取り続けた。作家としての才能が認められ、様々な政治計画の助言者であり、発案者でもある彼女は、執拗な「仲介者」でもあったようだ。たとえば、彼女は総裁バラスに、彼が不審がるタレーランに外務大臣のポストを委ねるよう四度の説得を経て、成功したのである。常に傍にいたバンジャマン・コンスタンとともに、彼女は最も著名な政治家たち、たとえば、ボワシ・ダングラス、シェニエ、ランジュイネ、あるいはカバニス、ドヌー、デステュット・ド・トラシー、ガラやその他の多くのイデオローグを迎え入れた。しかしながら、そのような彼女でさえ、いささかの政治的責任も引き受けなかった。ボナパルトへの反抗を誇る彼女は彼の不俱戴天の敵になる。

今日、あまり知られていないコンスタンス・ド・サルムは、文学者、詩人、作家であり、同様にフェミニストでもあって、シェニエによって「理性のミューズ」と呼ばれた女性である。彼女のサロンには、科学、理性、自由の進歩を信奉するあらゆる才能に溢れた人々が通っていた。彼女はポール・

ルイ・クーリエの従姉妹にあたり、アモーリ・デュヴァル、カバニス、シェニエ、ドヌー、デステュット・ド・トラシー、ガラ、ガングネ、セー、ヴォルネイのようなイデオローグに囲まれて、雑誌『哲学の旬日』を助成するなど、積極的に活動した。しかし、この知性豊かな女性活動家もまた、政治的または制度的な権力を行使することはなかった。

したがって、教養と才能に溢れ、政治的洞察力に優れたこの二人の女性は、総裁政府期にいかなる行動も取らなかったのである。彼女たちは常に影の女として、政治生活に直接関与せず、下位の実行者としてさえ、いかなる責任も負わなかった。認められた才能にもかかわらず、彼女たちが公共空間で何らかの責任ある地位に就くのは、まったく期待されていなかった。

同時代人、物語、歴史研究は、総裁政府の五年間を、社交界に寄生する女や高級娼婦と同一視される、「洒落女」や銀行家と政商の妻たちが前面に現れる時代とみなそうとしてきた。ロール・レニョー・ド・サン゠ジャン・ダンジュリの大切な友人であるアムラン夫人、そしてアングルロ夫人とレカミエ夫人は、三人とも銀行家の妻であった。ジョゼフィーヌ・ド・ボーアルネ、のちのボナパルト夫人や、元タリアン夫人で、バラスの愛人となり、ついで銀行家のウーヴラールの愛人となったテレジア・カバリュスもまた、汚れた世界に足を染めた女であった。

流行の先端を走り、豪奢な暮らしをした彼女たちは、性的に自由で活発でもあったから、不名誉な人生をおくる堕落した女とみなされてきた。彼女たちは、愛人、宝石、邸宅の多くを手にしたが、それらは著名人としての面目を保たせるための小道具でしかなかった。たとえば、総裁バラス邸、パレ・ド・リュクサンブール、またはグロボワの城館におけるジョゼフィーヌやテレジアがそうである(6)。

ジョゼフィーヌ

テレジア・カバリュス（タリアン夫人）

彼女たちはふしだらな振る舞い、放蕩生活、贅沢三昧で、狡猾だが金に目がくらんだ間抜けな女、あるいは最高入札者に買われた高級娼婦と変わらない女として非難され、無分別な行動と奔放な情事しか、記憶にとどめられてこなかった。

共和暦八年ブリュメール一八日（一七九九年一一月九日）のボナパルトのクーデタの後、統領政府は新体制を正当化するために、総裁政府を告発し、このように戯画化された「黒い伝説」をすぐに利用した。それは何よりも、女性たちのモラルの無さと背徳を前面に押し出した。一九世紀の歴史学におけるおうむ返しが、それを「伝統」にし、ゴンクール兄弟[7]によって頂点を極め、テーヌ[8]のような歴史家に引き継がれて、一九五〇〜一九六〇年代まで語り継がれた。

こうして評判を失った彼女たちだが、その多くが、教養があり、洗練され、知的で才気煥発なサロンの女主人であったことは忘れられている。レカミエ夫人の邸宅には多くの人々が殺到し、アムラン夫人の機知に富んだ言葉や皮肉に耳を傾けた。テレジア夫人にはよく助言が求められた。彼女は、子どもの教育に関する所見や、貧民や病人を受け入れる保護施設で、女子による看護の必要についての所見を書き残していた。その内容からみて、彼女がモンテスキューやルソーに通じていたことは明らかである。結局、閉ざされた小世界の中で、彼女たちはみな、上流社会を生きるうえで大切な人々と繋がるのに、有能な仲介者としての慎ましい役割を果たしていた[2]。

　これらの女性たちはあらゆる破廉恥な振る舞いを非難されても、魅力、美貌、巧妙さ、知性、教養が両立可能であることを証明した。才能があり、成功した女性を女性と認めず、彼女たちが創作活動に逃げながら、自然が彼女たちに与えなかった美貌と魅力を埋め合わせたと主張する者たちの、革命前からすでにみられた攻撃的で報復的な話とは対照的である。革命への女性の関与が消し去ることのできなかったこの女性蔑視と抑えきれない嫉妬心は、創造力と教養をひけらかす女性に対して、軽蔑的で中傷的な意味で用いられた「青鞜」という言葉を広めることになった。もともと、イギリス由来で、ユーモアたっぷりのこの表現は、教養と才能ある女性文学者に向けられた言葉であった。男性支配の空気がその言葉に、軽蔑的で中傷的な性格を与えたのである。

　ときに挑発的で、不快で、極端でさえある、これらの女性たちの態度と振る舞いは、結局、女性が奪われたばかりの自由を確認させるものであったろうか。それとも、いく人かの女性が、政治的・社会制度的な勝利なしに、革命前に自分たちのものであった権力空間を単に取り戻しただけであったろうか。その一方で、それは、ボナパルトがすぐに受け入れた小ブルジョワの道徳厳格主義とぶつからざるをえない運命にあったのであろうか。あるいは、ジャン＝クレマン・マルタンが想起するように、この自発的で過度で奇抜な風潮に、女性たちの解放を見出すことができるであろうか[10]。

経済的な手段と知性を備えたこれらの女性にとって、最近の禁止事項を迂回したり、知らないふりをしたりすることは、女性を二次的な役割に押しやり、創作の自由を奪い、さらには女性を品物にまでおとしめた、そんな新たな状況を嘲る方法であったろうか。過度に誇張され、しかし社会的には過剰に守られたこの少数の女性たちの奇抜さは、より広く、女性と男性がともに抱いていた両義性と矛盾を明らかにしてはくれないだろうか。

第9章　問題の両義性

歴史、根強い心性、伝統、文化と宗教の影響力から、革命期の女性たちの行動と要求の限界、両義性、矛盾を明らかにし、整理し、分析することができる。実際、いくらかの成功や進歩と、しかしながら多くの落胆が、革命の歳月を特徴づけている。

進展と行き詰まり《アポリア》

民法上の諸権利について、目覚ましい進展がみられたことは否定できない。しかし、女性たちの行動が、一七八九年以来、食糧、政治、市民権の三種類の要求に限られていたことを前提にすると、女性たちの権利要求運動の全体は常に、行き詰まり、ねじれ、両義性、不明確さに苦しんでいた。

一七八九年の時点で、女性たちの要求はもっぱら食糧問題に集中していた。ごく少数の女性だけが男性と同じ権利、すなわち男女平等を要求した。一七九二年九月末には、女性たちは権利と説明を要求し、再び問題として取り上げ、発言する権利、そして出廷し、証言する権利を手に入れた。重要な諸権利の中には、離婚も含まれていた。それ以来、これらの成果に満足しない女性たちは「(女性)市民」として認められようとした。なぜなら、男性は「市民」である権利、すなわち「主権者」の権利を手に入れていたからである。

それでも常に、「女性市民」のほとんどは、必ずしも民法上の諸権利を超えて、政治的権利(投票権や武装する権利)を要求しようなどとは考えなかった。政治的権利は彼女たちの主たる関心事に応えてくれるものではなかった。実際、ごく少数の女性しかこれらの二次的な要求を掲げなかった。しかし、当局にとって、積極的に行動するこの少数派は、騒々しくて、厄介な存在でしかなかった。せいぜい一七〇人の会員しか数えない「革命共和女性市民協会」は、まさにそのような存在であった。一七九二年二月末に、ポーリーヌ・レオンは『首都の女性市民による国民議会への個別的建白書』を提出した。それは何よりもまず、女性の投票権、武装、国民衛兵への加入を要求した。しかし、その嘆願書に署名した女性は三一〇人にすぎなかった。

実際、立ち向かい、闘おうとした女性の多くは、逆説的にも、彼女たちの要求に限界を定める社会制度的・文化的な環境の枠内にとどまり続けていたように思われる。こうしたおずおずとした態度は、彼女たちが、男性によって支配される私的・家族的な領域と、公的領域を同一視していた結果である。彼女たちにとって、国家とは規模の大きな家族組織のようなものでしかなかった。ずっと以前から、私的領域において男性支配に慣れてしまい、当たり前のように服従し、それを問題にしようとしてこなかった女性たちが、公共空間で男性支配に抗うことなどできなかった。結局、女性たちの多くは、当局、すなわち男たちによって、彼らの地位と役割が脅かされない範囲内で、自らに認められ、授けられた進展に満足していた。

弱い動員力にもかかわらず、不安を喚起し、動揺させた理由

革命期の女性たちの行動は、実際に彼女たちが関与した以上に、政治に不安を与え、阻害し、また動揺させた。いく人かの例外を除き、女性の置かれた状況は決して優先的に論じられなければならない主題ではなかったし、最も身近な主題でさえなかった。

バラスが回想録で述べた逸話は、女性の政治的な知性と洞察力が無視できるものであったということを見事に示している。[1] 一七九三年において、第一級の二人の人物、すなわち将来の総裁バラスと、当時、最も影響力のあった女性の一人であるロラン夫人に関わるだけに、それはいっそう興味深い。さて、そこで内務大臣ロランに招待されたバラスは、彼の書斎に「丁重に迎えられた」と述べている。しかし、ロラン夫人の同席が彼を凍らせた。「私は、より真面目な話をするために、彼の書斎から彼女が立ち去るのを静かに待っていた」。ロランは、夫人のいる前で、意見を述べるようバラスに促した。ロランは決断が必要なときにはいつも彼女を頼りにしていたし、自身の経歴に欠かせなかった彼女の判断能力をとても信用していた。それに対し、バラスは黙ったままであった。バラスは妻が「夫の財布の紐を握る」のを認めることができなかった。結局、バラスは一言も発さずに立ち去ったので、招待されていた翌日の夕食会では、同席の栄誉にあずかれなかった。彼はこう述べている。「女性が社会の様々な地位において、手に入れた優れた功績を否定するわけではないが、彼女たちが女性であ

ることから抜け出して、男性の関心事に取り組むことで、自分たちの幸福も、他の者たちの幸福も、得るものは何もなかったように私には思われる」。ロラン夫人について不快を感じた彼は、こう結論づけている。「私は、無遠慮な彼女の同席を認めることができるほど、礼儀正しくはなかった。私は一言もなく、会釈して立ち去った」。

ロラン夫人は狼狽せず、夫の書斎に居続けた。美男で、女性にもててきたバラスが、彼女に慎むよう教訓を垂れたと言い張るとしても、美女のロラン夫人が彼に魅了されなかったことは、気分を害するものであったろう。彼自身、スタール夫人によって助言され、後援されていたにもかかわらず、多くの男性と同様に、女性を、尊重すべきではあるが、結局は装飾的な飾りとしかみていなかったわけである。

次にシャルロット・コルデをみてみよう。一七九三年七月一三日に、マラーを殺害して、フランスを救おうと考えたこのおとなしい狂信家は、同じく、男たちに不安と恐怖を喚起させた。まず、彼女は怪物のように扱われた。それから数週間後には、彼女の行為は一般化されて、それが読書（この場合はプルタルコス）によって倒錯した我が身から生じたこと、そして、政治に関与し、「議論好き」であるのをひけらかした女性が、結局、ジロンド派を選択したことが強調された。すでにみたように、彼女は狂乱した抑えがたい狂信主義の典型として提示された。その一方で、彼女の例は、一七九三年一〇月三〇日のアマール法の可決の際に、国民公会議員が示した熱意と無関係ではなかった。そのとき、著名な女性たちの裁判が準備されていた。悪い助言者であり、夫の死刑の責任者でもある王妃（マリー・アントワネット）、ついで、フェミニストの君主政支持者であるオランプ・ド・グージュ、最後に、ジロンド派の影の支配者ロラン夫人が、同年一〇月一六日、一一月三日、八日に相次いで処刑された。

女性の地位を真剣に考える擁護者は多くなかったが、それでもまず、自然法の最も著名な理論家であるコンドルセをあげることができる。彼は、一七九〇年七月三日、『女性の市民権の容認について』というテクストを刊行した。同様に、女性の立場を擁護した活動家で、数学者、六人のプレリアルの殉教者の一人でもある、山岳派国民公会議員ジルベール・ロム（一七五〇～一七九五年）がいた。彼に非常に近しいテロワーニュ・ド・メリクールは、一七九三年四月一七日、女性の投票権を主張したが、その提案は拒まれた。彼女は、数日後、ある小冊子において二人の仲間と合流した。モルビアン県出身で、弁護士、国王弑逆者《しいぎゃくしゃ》〔国王ルイ一六世の死刑に投票した国民公会議員〕のルキニオ(2)と、毛織物の卸売商で、ガンガン元市長、国民公会で熱烈なフェミニストであったギヨマール(3)である。後者は、一七九三年四月二九日に、『男女平等の使者、女性を平等に扱おう、ともに政治の道を歩もう』を書いていた。しかし、三人ともほとんど反響を得ることはなかった。元ランス高等法院弁護士で、山岳派議員、国王弑逆者のルイ＝ジョゼフ・シャルリエ（一七五四～一七九七年）は、アマール法の投票時に、国民公会で抗議した唯ひとりの議員であった。しかし、彼もまた、ほとんど意見を聞かれることはなかった。「私は、女性から穏やかに集まる権利を奪うための根拠となる、いかなる原理も知らない。あなた方が女性から、思考するすべての存在に共通するこの権利を奪うことができるとすれば、それは女性が人間であることを否定する場合でしかありえない」。啓蒙時代に、一連の医学的な諸説によって作り直された生物学的不平等を支持する者たちの心性は、ほとんど揺らがなかった。こうして、女性に教育を与える必要が認められながらも、女性から政治的権利を奪う事実が正当化された。

教育の闘い

国民公会の開催以来、女子教育は多くの政治家を惹きつけた。君主政の崩壊と共和主義的市民を育成する必要から、教育における女性の役割の問題が提起された。一七九三年一月二一日、国民公会の議事で取り上げられた教育に関する主題は、ドルドーニュ県出身で、画家で詩人でもある議員ガブリエル・ブキエ（一七三九〜一八一〇年）によって法案が提出され、同年一二月一九日に可決されるまで、重要な議論の対象となった。それは、議員たちにとって、将来の市民教育に重要な女子教育の諸計画を提出するまたとない機会であった。二二の案が提出され、刊行され、または単に読み上げられた[4]。

女子教育の支持者であるコンドルセと全面対立した、グレゴワール神父のようないく人かの国民公会議員は、女性の精神は成長できないようになっていると考えていた。なぜなら、それを期待できるものは何もなかったのであるから。ミラボー、ドヌー、タレーランも同じ意見であった。彼らは革命の初めから、女性の本性を考えると、彼女たちが家庭の中でしか教育されないことは当然であると考えていた。もし多くの者が女性に教育を与えることに賛同していたとしても、ほぼすべての者は、多様で、対立し、矛盾した意見の中で、身動きがとれないままであった。

男女平等と女性の政治的権利を要求した、トゥールーズの弁護士で、ジロンド派のジャック゠マリー・ルーゼ[5]、ピエール・ギヨマール、コンドルセ[6]を除き、多くの者はあくまで女性を受動市民とみなし、女子教育は共和主義的価値を子どもに伝えることのできる母親を育成するものでなければならないと考えていた。女子教育を最小限に限定することで、それを男子教育に劣るものにしようと考えた者たちさえいた。実際、ほぼすべての議員が両性の平等にはためらいをみせるか、全面的に反対していた。

けれども、女子教育が共和主義的価値を子どもに教授するのに必要であるというのは、議員の最大公約数的な意見であり続けた。ロムはそこに二重の利点を見出した。まず、女性が彼女自身のために教育を受けること、そして、彼女たちの子どもがその恩恵を享受することで、社会的有用性が認められることである。「もし自然と社会の秩序の中で、男性が実行し、行動するよう求められているならば、女性は、絶対的で、必要な影響力によって、より強い意志と推進力をそれに与えるよう求められている」。医師で、国王弑逆者だが、政治的には穏健で、テルミドール九日に恐怖政治とロベスピエールに抗ったオート・ガロンヌ県の山岳派議員カレ[7]は、この点について、ロムと同じ意見であった。

女性が自ら想起させる利益、男性の思考に与える影響力、そして、女性についての偏見と、両親や家族、とりわけこの時代、聖職者が彼女たちに与えてきた不実で有害で根拠薄弱な助言をともに打ち砕く必要がある。そのために、立法家たちは女子教育問題にきっと進んで真剣に取り組むことになろう。

カレにとっては、君主政の先入見と教会の支配から逃れることが不可欠であった。アリエージュ県出身で、学校制度の改革者、国王弑逆者の山岳派議員ラカナル[8]も同じ意見であった。彼は教会を反革命の拠点とみなし、その支配から女性を逃れさせようとした。彼らにとって、聖職者の影響力を避ける唯一の手段は、女子に学校教育を与えることであった。ラカナルは、女子を「アリストクラートと祭司の病毒」のなすがままにさせないために、一七九三年一〇月三日、「修道院に入った女子を、医療看護、貧民の救済、教育または学校教育に関わるすべての職務から」排除するよう提案した。

教育によって、アリストクラート的で、放蕩で、浅はかな悪い母親でも、将来「英雄を産む」ことが期待される、「徳があり、慎み深く、自然な」良き母親によって取り替えることが重要であった[9]。同じく、一七九三年一一月一六日、医師で、クルーズ県出身の穏健派国民公会議員バライヨン[10]は、ロベスピエールの敵対者でもあったが、国民公会で、女子教育の目的がフランス人を「中国人よりも多産」にすることであると述べていた。それ以来、オート・ザルプ県の議員で、元軍人のジョゼフ・セール[11]が主張したように、授乳を推奨し、乳母に頼ることや、体を縛り付けて動きにくい服装を非難する教えが広まった。それは、国王死刑の可決後、一七九三年一月二〇日に殺害された、山岳派議員ル・ペルティエ・ド・サン゠ファルジョ[12]が擁護した原理でもあった。一七九三年七月一三日に、ロベスピエールは国民公会において、公教育委員会の名で、ル・ペルティエの『国民教育計画』を読み上げている。

したがって、多産で、健康で慎ましく、共和主義的価値を子どもに伝えることのできる母親を育成するのが肝要であった。この目的から、ノルマンディーの山岳派弁護士で、国王裁判での死刑賛成議員のレオナール・ブールドン[13]は、女性教師が、共和主義的原理で作り上げられた丈夫な子どもの出産を手助けできるよう、出産についての知識を習得することを推奨した。

実際、ロベスピエールに激しく抵抗したレンヌの弁護士シャルル・デュヴァル[14]は、こう勧めている。「注意深い母親であれば、花の近くで息子をあやすのをやめなさい。甘やかしては自然に反します。彼が最初にはっきり発音する言葉が『祖国』であるように、そして『法への愛』が、彼が用いる最初の統語法であるように育てなさい」。そのために、ジョゼフ・セールは「明確だが簡潔な」政治のイロハを女子に教えることが不可欠であると主張した。弁護士で山岳派のやはり死刑賛成議員のシャルル・ドラクロワ[15]は、女性教師が女子生徒に『自由の賛歌』を教えなければならないとした。一七九三年六月二六日、公教育委員会はこれらの様々な意見を受けて、学校が男子と同じく女子にも政治教育を施すことができると考えたが、その提案は実現されなかった。

国民公会議員の多くは、女子と男子の教育を同じものにすることよりも、その分野において、君主政と教会の痕跡を拭い去ることを重視していた。その一方で、女性の本性論に根ざす偏見を持ち続ける者たちも当然ながらいた。一七九三年一一月九日、在任中に亡くなったバニェール・ド・ビゴール出身の弁護士ピエール・デュポン公教育委員[16]がその例である。「教育は自然がモデルとならなければならない。女子に教えられる技芸と職業を、男子のそれとは区別しなければならない」。同じく、レオナール・ブールドンは、女子には、「女性に適した裁縫などの様々な仕事を教える」ことを提案している。彼は仕事の性別役割分担を認めていたので、結果として、教育の性別による差異化も認めたのである。

ル・ペルティエ・ド・サン゠ファルジョは、女子にはまず「機織り、裁縫、洗濯」を学ばせるよう勧めながらも、学校は「特定の仕事を教え込む」ところであってはならないと、含みのある言い方で述べている。この考えは、ロベスピエールによって、一七九三年七月二九日に提出された『公教育に関する法案』で取り上げられた。ただし、男子と女子の教育の違いはごく小さいものにされた。こうして、女子を犠牲にしながら、性別で区別される学校の輪郭が浮かび上がった。たとえば、モゼール県の山岳派議員で国王弑逆者、ロレーヌの弁護士ニコラ・エンツ(17)もまた、「妻と母親の義務」を細かく述べながら、女子が「製糸、裁縫、編み物を教え込まれるべき」であるとした。性別で異なる教育を推奨した人々の中には、それでも、シャルル・デュクロワが想起したように、女子に対して、すべての教科で初歩的な知識と「基礎」を教えることを提案する者もいた。

したがって、ジョゼフ・セールのように、両性に同じ教育を求める者はまれであった。この点について、彼は最も明確かつラディカルに主張している。「男性が知っていなければならないことは、女性もまた知らなければならない」。ところが、実際には、中等教育に女子を迎え入れることは誰の念頭にもなかった。

男女共学の支持者は少数のままであった。含みを持たせつつ、ときに両義的で矛盾しながらも、コンドルセ、メアリ・ウルストンクラフト、ジョゼフ・セール、シャルル・デュヴァルら、男女共学の支持者たちは、多数派のためらいを前に、ほとんどなす術がなかった。たとえば、弁護士で、サルト県出身のジロンド派議員マジュイエは、「政治的にも、道徳的にも、怪物であるおとこおんな」の誕生を恐れていた。そのため、彼は、立法議会と国民公会の公教育委員会において、ロムとコンドルセの主張に反駁した[18]。

もし将来の母親を育成するために、共和主義的教育の必要が認められたとしても、それを許容範囲に収めなければならなかった。明らかに、この制限は何よりもまず、当局を不安にさせる決然とした女性たち、革命的女性活動家を標的にしていた。パリでは、国民公会議員が来る日も来る日も二階席で、一七九三年の春と夏の間、どこまで女性運動が急進化して、社会秩序と社会制度を脅かすに至るかを観察し、検討していた。こうした議論の最中、アマールの演説と一一月のショーメットの演説が現実味を帯びてきた。すなわち、当局はあらゆる手段を用いて、公共空間に入り込んだこれらの女性たちを弱体化させ、排除しようとしたからである。教育の必要性は認められたが、非常に統制された教育の制度化が計画されたのは、これと同じ目的からであった。

一七九三年一二月一九日に可決されたブキエ法は、「両性に同じ教育条件」を可能にする、男女共学の初等学校を開設した。しかし、そのテクストは、「性別がそれを可能にする限り」という表現を巧みに用いながら、性別で異なる不平等な教育に扉を開いた。確かに、共和主義的母親を育成しなければならなかったが、オランプ・ド・グージュが一七九一年に『女権宣言』の中で書き留めていたような、政治的権利において平等な女性を作り出すことは問題とされなかった。「貧しい家庭から、才能と徳を持って生まれた女性の宿命はいかんや。それは貧困に加えて恥辱である。彼女が音楽や絵画で秀でた才能を持とうが持つまいが、いかなる公職も彼女に認められることはないのだから」。

オランプ、たえず、依然として

一七九一年九月に出されたオランプ・ド・グージュの有名な『女性と女性市民の権利の宣言』(『女権宣言』)は、一七八九年八月二六日の人権宣言をモデルに、一七条の項目を「女性の問題にすり替えた」ものである。しかし、『女権宣言』は議会から軽蔑の目を向けられて、拒絶された。彼女は次のように前文を始めている。[*1]

母親、娘、姉妹たち、国民の女性代表者たちは、国民議会の構成員になることを要求する。そして、女性の諸権利に対する無知、忘却または軽視が、公の不幸と政府の腐敗の唯一の原因であることを考慮して、女性の譲りわたすことのできない神聖な自然的権利を、厳粛な宣言において提示することを決意した。(中略)女性市民の要求が、以後、簡潔で争いの余地のない原理に基づくことによって、常に憲法と良俗の維持と万人の幸福に向かうように。こうして、母性の苦痛の中にある、美しさと勇気とに優れた女性が、最高存在の前に、かつ、その庇護のもとに、以下のような女性および女性市民の諸権利を承認し、宣言する。

その後に、オランプ・ド・グージュによって、見直され、修正された一七条が続き、最後に挑発的な後文がくる。

女性たちよ、目覚めよ。理性の警鐘が世界中で聞こえている。あなた方の諸権利を認識せよ。自然の支配する強力な帝国は、もはや偏見や狂信、迷信や嘘に取り囲まれてはいない。真理の光が、愚かさと簒奪の影を一掃した。奴隷の男性は力をつけたとしても、鉄鎖を打ち砕くためには、あなた方女性の力に頼る必要があった。しかし、自由の身になると、男性は女性に不当な仕打ちをしたのだった。ああ、女性たちよ！　いつになれば目を開くのか。あなた方が革命から得たものは何であったか。それは、よりはっきりとした軽視と軽蔑であった。

障壁が何であれ、あなた方には、それを乗り越える力がある。あなた方には、それを望むことしか残されていない。あなた方が社会で置かれてきた境遇を示す、恐るべき光景に目を向けよう。国民教育が話題となるこの時期に、我々の賢明な立法家たちが、良識に照らして、女性の教育を検討するか、注視しなければならない。

女性は善以上に悪をなしてきた。常に女性は、じっと我慢し、感情を偽ってきた。男性の力には勝てなかったので、女性は悪賢くなった。女性は男性を魅了するために、自らの美貌を最大限利用し、非の打ちどころのない人でさえ、それに抗うことはできなかった。女性は目的のためには毒でも武器でも使った。女性は罪と徳を支配した。とりわけ、フランス政府は、何世紀もの間、女性の影の政治に頼ってきた。官房は、無遠慮な女性に対して、少しも隠し事をしなかった。大使館、司令部、内閣、議長、教皇や枢機卿においても同様であった。最後に、俗界と宗教界の男たちの愚かさを特徴づけるすべてが、ずっと軽視すべき存在であった女性の野心に屈して、実際には彼女たちを尊重することになった。これに対して、革命以来、女性は尊重すべき存在となったが、実際には軽視されているのだ。

オランプ・ド・グージュはそこで、女性たちの期待、幻想、困難《アポリア》、妥協、失望を見事に総括している。

古くから続く抑圧

宗教の伝統は、間違いなく、これらの抑圧の最初に位置づけられる。「神がそのように望んだ」とか、「神の意思を尊重しよう」とか、「神が女性の運命を決定した」などである。こうして、母親の義務に専念させるために、女性を家庭に縛り付ける社会的・社会制度的な組織が正当化された。活発な女性活動家であっても、たとえば、熱烈な共和主義者でジャーナリストのルイーズ・ド・ケラリオは、自身の書き物や『国家と市民の新聞』において、女性の果たすべき役割はまず、家庭に従事し、子どもをしつけることであると述べていた。社会的ヒエラルキー、生物学的論拠、神の意思が複雑に混じり合って、性別の違いが正当化された。

政治的に鋭い感性を持ち、フェミニズムに一定の理解を示したスタール夫人でさえ、女性の自立を願ったとしても、厳密な意味での男女平等を主張することは決してなかった。

革命に対する女性たちの激しい抵抗

革命に対する抵抗は二つのカテゴリーに分類できる。「組織的」と形容される急進的な抵抗と、出来事の流れに沿って生じ、状況に応じて変動する、より不確かな抵抗である。二つのカテゴリーが重なり合う場合もあった。前者は、根っからの反革命家と、革命が進行する中で、それに敵意を示すようになった者たちによって引き起こされた。これらの女性は様々な階層の出自で、イデオロギー、政治、文化、社会、経済と多様な理由から、組織的抵抗に加わった。「なるべくしてなった」反革命家は革命にただちに抵抗した。自らの社会的優越が突如として問題視されるのを目撃した彼女たちは、論理的または機械的な思考を拒否し、進行中の出来事にほとんど共感を示さなかった。彼女たちの多くは特権身分の出自で、とりわけ王党派で、亡命貴族や有罪宣告を受けた者たちの親族でもあったので、宗教を支持し、聖職者を擁護した。一七九〇年七月一二日には、聖職者を公務員に変える聖職者民事基本法が可決された。同法により、憲法制定議会が聖職者に国民への忠誠を宣誓するよう要求したことで、革命に対する彼女たちの反発はいっそう強まった。宣誓を拒否した聖職者は、ごく自然に、これらの女性が差し出した支援と避難所を手に入れた。

彼女たちにとって、革命とはサタンの仕業で、自然に反する計画にほかならなかった。したがって、バーク、ジョゼフ・ド・メーストル、ボナルド、バリュエル神父と同じく、革命を認めることなどありえなかった。君主政と宗教の伝統を信奉する彼女たちは理性の支配を拒否した。そして、無神論、啓蒙主義、あるいはフリーメイソンの「陰謀」から生じたようにみえる新体制を公然と侮辱した。これらの貴族女性は、革命を「卑しいごろつき」、「下層民」、「無頼の徒」がしでかしたこととみなしていた。この点で、彼女たちは、政治的には穏健だが、社会秩序が脅かされるのを嫌がる、より慎ましい階層の女性たちと合流した。無秩序に対する本能的な拒否は、大・中・小を問わずブルジョワジーの女性にもみられた。しかし、一般化は慎まなければならない。なぜなら、何も自動的ではなかったし、急激な変化が生じたときに、古い生活様式と新たな生活様式の規範がぶつかって、社会的緊張を引き起こすのは当たり前のことであったからである。民衆層の女性の中にも、革命の初めから、君主政の神聖なイメージが傷つけられ、聖職者が攻撃対象となったことに衝撃を受けて、即座に革命を拒んだ者もいた。次第に、彼女たちは経済状況の「犠牲者」と合流していった。

奢侈品産業で働く女性たちは、製品の売れ行きが落ちたことで仕事を失った。もともと、革命の出来事に対して、彼女たちは支持したり無関心であったりしたが、失業のために不安定な状況に置かれると、それは不信に、ついで疑念に変わった。結果として、反革命と言うよりもむしろ、革命に反発する現実の抵抗が組織された。その一方で、より遅く、前者と同じく慎ましい階層で、穀物問題や困難な食糧供給に敏感な女性たちが、価格高騰や食糧不足が起こると、恨みや失望から、一時的に、革命に対して反発するようになった。一定の有効性を示していた最高価格令が一七九四年一二月二四日に廃止されると、再び食糧供給が不安定になり、一七九五年の冬、民衆は食糧不足と飢饉に苦しんだ。「パンと食べ物があった」ロベスピエールの時代を懐かしむ女性もいたが、反革命に操られて、都市の路上に現れて、パンと国王の帰還を要求する女性もいた。

状況に応じて変動する抵抗と組織的抵抗は、ときに結合して、正面からの過激で政治的な抵抗をなした。ヴァンデとふくろう党の女性たちによって表明された革命の全面的な拒絶がそれである。実際、一七九三年二月以降、女性たちは、元々の食糧不足に対する不満と、国有財産の売却時の裕福な都市ブルジョワによる簒奪に対して怒りを膨らませ、とりわけ農村部で勃発した蜂起において、重要な役割を果たした。この経済的なフラストレーションに宗教に対する攻撃が加わった。それはふくろう党とヴァンデ住民にとって我慢ならないものであった。この混乱と幻滅は貴族や聖職者によって巧みに利用され、人々を反体制へと引きずり込んだ。駄目押しに三〇万人募兵が大規模な反乱を引き起こした。

「男性」の傍らで、女性たちもまた暴力を振るい、ゲリラに参加し、宣誓忌避聖職者をかくまい、反乱や暴動を扇動した。彼女たちは、「ガレルヌの彷徨[*2]」におけるように、男たちの後に続いて武器や荷物を担ぎながら、子どもを抱えて歩いて移動した。にもかかわらず、よく知られ、ときに尊敬され、現実というよりも夢想的な雰囲気の漂ういく人かのヒロインを除き[19]、女性たちは匿名性の中に再び埋もれていった。

活動、立場、革命に対する感情が何であれ、それはすべての女性の運命であった。とりわけ急進的で、最も積極的に関与してきた女性たち、自由と解放を求めた女性革命家にとって、運動の停止は突然のことであった。

突然の停止の衝撃

女性たちはにわかに麻痺状態に陥った。最も辛辣で、決然とした女性でさえ同じであった。決意が固く、しばしば行列の先頭に立ち、男たちに向かって演説し、行動するよう説き伏せた女性たちは、国民公会の単なる命令によって、要求を引っ込め、それを忘却した。数時間で六年間の闘争が消し去られたのである。

この後退と離脱を、ナオミ・クラインがショック・ドクトリンとして理論化した事態の帰結として生じた、全機能の突然の崩壊と同一視できるであろうか[20]。実際、当局によって極めて危険とみなされてきた女性運動に突如として襲いかかったのは、想定外に強烈で、抗えない、異常な反動であった。不意を打たれ、茫然自失した女性たちと代表的なグループは、あまりの衝撃に反応することができなかった。

その一方で、女性運動は、確かに活発で、騒々しく、挑発的であったが、徹底的な運動になるにはまだこの時代、十分な社会的基盤を備えておらず、よく理解されてもいなかった。彼女たちの信念がいかに強固であろうとも、行動する女性は限られ、都市部や農村部の女性民衆を動員することも、惹きつけることもできなかった。当局がいくつかの厳しい強制措置を用いて女性運動の頂きを破壊したことで、運動全体はいともたやすく無に帰せられたのである。

第10章　停滞と後退の三〇年　一七九九〜一八三〇年

もしかりに一七九二年に獲得された民法上の諸権利が保持されたとしても、一七九九年の女性は何よりもまず、家庭を切り盛りする母親であった。上流階層の女性であれば、客をもてなし、家事を取り仕切り、刺繍し、歌い、楽器を奏で、社交生活を過ごすことができた。夫の誇らしい妻になるべく、女性は厳密にいえば、装飾的で、しかも二次的な役割しか果たさなかった。離婚の条件を厳しくするなどして、一七九二年の進展の一部をもぎ取った民法典はその傾向をさらに強めた。経済的に恵まれていない下層の女性もまた、似たような運命を辿った。

一七九九年にいったん革命は終わったが、男女平等のためには、まだ長い道のりが残されていた。それでも、それまでに女性たちは公共空間で役割を果たし、意見を聞かせ、諸権利を手に入れることができたのをまざまざとみせつけた。まだそのような記憶が完全に埋もれていない時期であった。しかしながら、粗暴に排除された後、新たに女性たちが自らの意見を聞いてもらおうと考えるには時間が必要であった。実際、続く三〇年の間、女性は二次的な役割に閉じ込められた。ボナパルトにとって、女性は母親と妻以外の身分を望んではならなかった。彼による権力の奪取はそのような女性の立場を確立させ、強固にした。

ボナパルトと民法典

セントヘレナでモントロンと会談したとき、ナポレオンはこう述べたという。「余の栄光は四〇の戦いで勝利をおさめたことではない。(中略) ワーテルローはそれらの記憶を消し去ってしまうだろう。(中略) 何も消し去ることなく、永遠に残るのは、余の民法典である」[(1)]。

民法典の作成で主導権を握ったのはカンバセレス(一七五三〜一八二四年)であった。彼はれっきとした法学者で、かつての山岳派議員で国王弑逆者、そして帝政期には大法官となる人物である。カンバセレスはボナパルトの要求に従い、一七九三年、一七九四年、一七九六年に自身が提出していた民法典の三つの案を修正した。その結果、一八〇〇年八月、統領政府の勅令により、四人のメンバー(ビゴ・ド・プレアムヌー、マルヴィル、ポルタリス、トロンシェ)で構成される政府委員会が設立された。それを主宰したのがカンバセレスである。[*1] 法律の専門家であり、思想家でもあるポルタリス(一七四六〜一八〇七年)は、委員会で影響力を発揮した。彼はこう書いている。「各々の性別の運命を定めるのは、法律ではなく、自然である。女性は保護が必要である。なぜなら女性は男性よりも弱いのだから。男性は自由である。なぜなら、男性は女性より強いのだから」。政府委員会のメンバーは、考察の根拠に次の公準を打ち立てている。「夫は家族を管理する長であり、妻は夫の住居以外に、住居を持つことはできない。夫がすべて管理し、監視する。夫が妻のすべての財産と生活態度を監視する」。

したがって、一八〇四年三月二一日に公布された民法典はまさに、女性を再び従属的な地位に押しやる道徳厳格主義とブルジョワ的なイデオロギーの総括であった。過ちを犯した場合を除き、女性は再び永遠の「未成年者」とみなされた。

いかなる権利も持たない女性は、父親の、ついで夫の支配下に置かれた。彼らがすべてを管理し、住む場所を一人で決めた。さらに、民法典は相続における既婚女性の法的無能力を再び打ち立てた。「妻は夫に服従しなければならない」。ボナパルトは詳述する。「結婚時に、このテクストが皆の前で読まれなければならない。というのは、女性が自身の劣等性を忘れてしまったこの時代に、彼女たちの運命の支配者となる男性に服従しなければならないことを彼女たちに率直に思い起こさせるのが大切であるから」。ポルタリスにとって、これらの言葉は、「女性を保護する権力に与えられるオマージュ」にほかならなかった。

契約書の署名や財産の管理のように、女性がリセと大学に入学するのも禁じられた。政治的権利から完全に排除された女性は、夫の許可なく働き、給料を得ることさえできなかった。夫は妻の手紙や交際を管理し、「交わされる会話の持つ意味、家の外で、夫のいないところで妻に及ぼされる影響を知ら」なければならなかった。単なる手紙でさえ、「一種の心の浮気」とみなされる恐れもあった。女性はもはや許可なく外国に旅行することさえできなくなった。最後に、女性の姦通に対する制裁は、男性に対するよりも厳しいものであった。加えて、相続財産の分割を避けるために、未婚の母と私生児はもはやいかなる権利も持たなかった。嫡出の兄弟姉妹が相続財産に等しくあずかれたのとは対照的である。

民法典の第一一二四条は、次のように説明している。「法的権利を奪われるのは、未成年者、既婚女性、犯罪者、精神薄弱者である」。その考えはセントヘレナ日記の中でナポレオンによって語られている。[2]「リンゴがリンゴの木の所有者の所有物であるように、妻は夫の所有物である。（中略）女性は子どもを作るために男性に与えられた。果実のなる木が庭師の所有物であるように、女性は男性の所有物である」。この考えは民法典で次のように要約されている。「妻とその子どもは夫の所有物である」。

一八一〇年には「夫婦相愛の義務」が認められたので、夫婦間に強姦は存在しないと明確に述べられた。男性を誘惑したとみなされる女性は、無垢が汚されたとき、不平を言うことができず、売春斡旋業者の手に落ちさえした。斡旋業者は必ずしも非難されなかった。その一方で、結婚の約束は、文書を作成したとしても、法の観点からは何の意味も持たなかった。そのうえ、使用人を犯した子息を守るために、父子関係を調べることは禁じられた。寡居の場合、財産を管理し、子どもの教育を監視するために、生前に「特別顧問」を指名していた亡き夫の財産相続を妻は主張できなかったし、彼女は「特別顧問」に再婚の許可を求めなければならなかった。

法律で定められた不平等

不貞の場合、妻は三年二ヶ月の投獄刑に処せられる恐れがあった。その一方で、夫は単に罰金を科されるだけで、それも姦通が自宅でなされた場合に限られた。事実上、男性の姦通を合法化したこの規定は、「男性の単身部屋」が広く利用されていた実態を示している。この方向で、民法典の第三二四条は、「夫が自宅で妻の姦通を目撃した場合、妻とその相手を殺害したとしても処罰されない」と説明している。不平等は明らかであった。

そのうえ、夫は妻の不貞だけを理由に離婚を宣告することができたが、妻は、離婚のためには、夫が自宅に愛人を囲っているのを証明しなければならなかった。ポルタリスは次のようにその不平等を正当化している。「妻の不貞は、夫の不貞以上に、退廃と危険な結果を予想させる」。「危険な結果」とはすなわち、妻の不貞から生まれる恐れのある非嫡出子を指している。夫の過ちを理由に言い渡された離婚でさえ、妻は必ずしも親権を手に入れることができなかった。有罪と認められた父親が七歳に達した息子を引き取るのを妨げるいかなる決まりもなかった。

一般に、離婚はよりずっと難しくなった。相互の同意に基づく離婚は結婚して二年が経過するまで禁じられたし、妻が二一歳未満、または夫が二五歳未満の場合も同様であった。さらに、結婚からすでに二〇年が経過しているか、妻が四五歳以上の場合もまた、離婚の対象外であった。離婚は重大な過ち、または名誉刑とみなされた。夫の過ちのために離婚した妻は一〇ヶ月後にようやく再婚できた。その一方で、夫は姦通した妻を、最大三年間、懲罰施設に入れさせることが認められた。姦通した妻に対する別居請求も同様であった。多くの亡命貴族やフリュクティドールのクーデタで追放された者たちが、自身の財産を国有化や没収から守るために離婚制度を「架空」に利用できただけに、それを防ぐための障壁が設けられたのである。

妻と母親

当時の社会では、独身は異質であり、正すべき誤りとみなされた。遺産を譲り渡し、子どもを産むしか女性には価値がないと考えるボナパルトは、各県で、上流階層の結婚適齢期の女子を調査するよう命じた[3]。容姿の点で、獣のように描写された彼女たちであったが、これらのリストには、彼女たちの身体的な長所と短所が記述されるだけでなく、彼女たちが期待できる遺産や経済的な利点も記載された。それは「花崗岩の塊」と呼ばれるエリート層の権力を強め、安定を実現するための方策であった。その一方で、ボナパルトは女性の「優れた才能」を認めなかった。スタール夫人はその犠牲になった。かつてボナパルトは、好ましい女性とは「子どもを最もたくさん産む女性」であるとスタール夫人に述べたことがあった。彼はその後、政治的に強く反発するようになった彼女を追放した。彼が図書係のバルビエに打ち明けたところによれば、一八〇〇年にスタール夫人によって書かれた『社会制度との関係において考察した文学について』から引用される言葉は、彼には耐えがたいものであった。

革命以来、男性は、女性をこの上なく、不合理な考えの持ち主にしたて、凡庸な存在と見立てるのが、政治的にも道徳的にも有益であると考えてきた。男性は女性に、機知も洗練さもない、くだらない言葉しか向けてこなかったので、女性は理性を発展させるきっかけがなかったし、女性の生活態度はよくならなかった。（中略）悪を生み出したのは啓蒙主義であると常に信じられている。理性を遡及させることで、それを正すことが望まれている。啓蒙時代の悪は、よりいっそう多くの知性を得ることでしか、正されることはできない。（中略）

フランスでは、男性がこれまで、女性にふさわしい自立と自尊心を全面的に許せるほど、十分、共和主義者であることはできなかった。女性は、おそらく旧体制において、政治にあまりにも大きな影響力を振るってきた。しかし、女性が知性を奪われ、その結果、理性を持たないでも、やはり女性は危険な存在である。

オランプ・ド・グージュはかつて『女権宣言』の後文で、似たような分析をしていた。結局、一七九二年に獲得された権利にほとんど注意を払わなかったスタール夫人は、こう付け加えている。「男性のように、女性を啓蒙し、教育を与え、より良きものにするのは、諸個人や諸国民をそうするのと同様に、あらゆる理性的な目的のため、そして永続的な基盤の確立が望まれる、すべての社会的・政治的関係のために、最高の秘め事のままである」。

存続するも厳しく監視されたいくつかのサロン

女性が主宰するサロンは存続したが、ボナパルトによって厳しく監視された。彼はそれをアジテーションや抵抗の拠点とみなした。それはしばしば正しい判断であった。統領政府の初め、ヌーヴ・デユ・リュクサンブール通りで開かれた、モンモラン伯爵の娘ポーリーヌ・ド・ボーモンが主宰した、幅広い人々を集めた文学サロンは、「若々しさ、新鮮な感情、将来の希望」を集めると評判であった。常連の中には、シャトーブリアン、ジュベール、フォンターヌ、モレ、パスキエ、シャルル＝ジュリアン・リウー・ド・シェーヌドレ、ゲノー・ド・ミュシー、ヴァンティミーユ夫人など、著名人がみられた。このサロンは一八〇〇年から一八〇三年にかけて輝きを放った後、ヴァンティミーユ夫人によって引き継がれた。

政治的亀裂が再び生じて、王党派とボナパルト派が対立する中、第一統領はボナパルト派のサロンを許容したが、王党派のサロンは閉鎖させた。さらに、一八〇二年に締結されたアミアンの和約が破棄されると、ダマ夫人やシャンスネ夫人、そしてサン＝ジェルマン街の夫人たちを逮捕させた。彼女たちのサロンは、単に王党派の積極的な活動だけでなく、より広く、反政権の抵抗を支えていた。ボナパルトが大臣や仲間の夫人たちによって主宰されるサロンを許したのは、しぶしぶでしかなかった。

スタール夫人やレカミエ夫人など、女性文学者や女性活動家で、第一統領と真正面から闘う女性はまれであった。スタール夫人はボナパルトを褒め称え、ブリュメールのクーデタを称賛したが、その後すぐに、体制が君主制の様相を呈したのを嘆き、第一統領によって着手されたカトリック反動に反発し、愛人の若きバンジャマン・コンスタンを護民院での抵抗の先陣に立たせた。

ボナパルトに意見を聞いてもらうことも、受け入れてもらうことも叶わず、新体制の影の支配者となる夢が破れたスタール夫人は、ボナパルトによって一二年以上、首都に近寄ることを許されなかった。パリでのサロン再開の嘆願にもかかわらず、彼女はコペにとどまり、ときに宮廷に近づくことが認められたが、パリから四〇里以内に足を踏み入れることは決して許されなかった。試みは無駄に終わり、彼女は一八〇二年から皇帝が失脚する一八一四年までパリを不在にした。彼女が百日天下の際、急いで首都を去る決心をしたとき、ナポレオンは彼女に、何の恐れもなくパリに戻ることができる旨を知らせている。彼女の友人の才女レカミエ夫人は、一八〇五年以降、ナポレオンの敵対者とみなされて、似たような運命を辿り、一八一一年から一八一四年にかけて追放された。

「理性のミューズ」と呼ばれた知性豊かなフェミニスト、コンスタンス・ド・サルム（かつてのコンスタンス・ピプレ）によって主宰されたサロンは、ボナパルト派のふるいに掛けられ、存続した。何十年も前から知的生活を牛耳ってきた彼女は、芸術、文学、科学の世界に足跡を残した。熱烈なフェミニストで、詩人、作家、思想家、そしてイデオローグの助言者である彼女のサロンには、多様な人々が通った。彼女は多作な作家で、一七九七年から『女性への書簡』を刊行した。その内容は次の言葉によって要約されている。「時がきた。女性たちよ、目覚めよ」。「異なることは劣っていることを意味しない」。人生の間ずっと、コンスタンス・ド・サルムは、詩、物語、エッセーを織り交ぜながら、女性の境遇に抗議する数々の作品を作り出した。

一八〇九年、彼女の二番目の夫であるサルム公は、バック通り九七番地に邸宅を購入し、夫妻は一八一四年までそこでサロンを開いた。学士院とアカデミーの選挙に及ぼした影響力が証明するように、それは帝政の貴族的だが学術的でもある最も著名な文学サロンであった。一八一五年に、コンスタンスはドイツに行くためにパリを去った。その後、復古王政期の一八二三年になってようやく、サロンを再開するためにフランスに帰国している。

ジャンリス夫人もあげておこう。彼女は、一八一一年に刊行した『フランス文学における、文学の保護者であり著者としての女性たちの影響力』において、女性作家に向けられてきた辛辣な批評と嫉妬を告発し、強制結婚を激しく非難した。

このように、非常に高い知性を備えた上流階層の女性数名が、厳しく監視されたこの世界で、各々の意見を表明していたにもかかわらず、女性運動の「再生」を予示するほどではなかった。一八〇〇年から一八一五年にかけて、「女性」グループの活動は鈍化し、停滞していった。男女ともに引き込んだ運動や、あちこちで民衆層を扇動した、局所的で散発的な「暴動」(一七八九〜一七九五年の蜂起の規模には達しない)は、女性たちの権利要求を勢いづかせず、易々と鎮圧された。たとえば、一八一二年に勃発したカン事件に対する凄惨な鎮圧があげられる(4)。

穀物の窃盗、窓ガラスの破壊、市長への攻撃に対してなされた威嚇的で見せしめ的な鎮圧は、極めて過酷であった。六一人が逮捕され、うち二〇人は一三歳から六二歳の女性であった。八人(男性四人、女性四人)が死刑宣告され、九人は八年間の強制労働か五年の禁錮重労働、二四人は五年間監視下に置かれ、一一人は無罪放免された。激しい鎮圧を引き起こした穀物価格の高騰に対するこの反乱は、しかしながら、いかなる集団的感情も覚醒させず、あくまでローカルな事件にとどまった。したがって、帝政は女性の運命を改善しようとは決して考えず、この時期に、女性の立場は悪くなる一方であった。

女性たちと復古王政

全体的に後退の時期である復古王政期の男たちが下した最も象徴的な決定は、一八一六年五月八日のボナルド法による離婚の廃止であった。離婚を「革命の劇薬」とみなしたルイ・ド・ボナルドは、その主題に精力的に取り組んだ。ボナルドは、後継者を得るためにためらうことなく離婚したナポレオンとは反対の立場にあったが、それでも、カトリックを信仰する家族と婚姻関係を守ろうとするナポレオンの意見には賛同した。彼にとって、婚姻関係は破棄できない神聖不可侵なものであって、一七九二年に議会で決定されたような、単なる個人間の契約ではなかった。

一八一六年にボナルドは、議会でこう宣言している。

家族の母親は家事を差配する権力を持つ。彼女はその必要な主体であり、自然な手段である。彼女の権威は夫のそれと同等ではないが、似通ったもので、夫の権威に服従する。それは終身の身分保障である。なぜなら、夫婦関係は分かつことができないのであるから。（中略）女は男以上に、家事を上手に取り仕切ることができる。そのことは、長々とした理屈以上に、女による公務の指導を自然が求めていないことを証明する。女子の教育は男子のそれと同じであってはならない。なぜなら、自然は彼らに同じ運命を授けていないからである。女子教育において、すべては家事の有用性に向かわなければならない。これに対して、男子教育は公共の有用性に向けられなければならない。男と女が衣服のように、取り組むべき仕事を取り替えようとし、女が進んで国家の政治に関わろうとするのは、自然に反した性格を彼ら彼女らに与えた、誤った教育の結果である。

それはまさにカトリック教会の勝利であった。教会はそれが果たすべき役割と社会での影響力を強めたい復古王政の協力と奨励を手にした。教会は社会に圧力を行使して、それを勝ち得た。女子教育に対する聖職者の影響力、聴罪司祭の重要な役割、女子がミサに熱心に通うことが、同じ方向に働いた。現実には、離婚制度の廃止は、信心深い当局の要求に敬虔に従う社会の願望を確認させるものである。

ボナルド法はこの種の最初の試みではなかった。すでに一七九七年春、クリシー派の強い影響下に置かれた議会の両院は離婚制度に立ち戻ろうとしていた。一八四八年五月二六日、法務大臣クレミューが離婚制度の再建を提案したが、あえなく失敗した。結局、一八八四年七月二七日になってようやく、アルフレッド・ナケがナケ法によって離婚制度を再建した。ところが、それは一七九二年のリベラルな条件よりもずっと制限されたものであった。姦通に関して言えば、それが犯罪とみなされなくなるのは一九七五年のことでしかない。すなわち、一七九二年の精神を取り戻すのに、二世紀近くも待たなければならなかったのである。

復古王政期に活躍した女性たち

一八一七年に亡くなったスタール夫人も、一八二三年までフランスを離れ、その後、パリでサロンを再開して、一八四五年に亡くなるまで文学作品を書き続けたコンスタンス・ド・サルムも、一八一五年から一八三〇年にかけて、いかなる政治的役割も果たさず、公共生活に直接影響力を振るうこともなかった。

いくつかの文学サロンや芸術サロンを除き、サロンの女主人は打ち明け話の相手や目立たない助言者として、重みのない領域にとどまった。彼女たちが表舞台に立つことはほとんどなく、社交界を取り仕切るのに満足した。かつてオランプ・ド・グージュが、その不明瞭で不健全な役割を非難した愛妾が再び戻ってきたのであろうか。たとえば、ルイ一八世とプラトニックな関係を続けたケラ夫人(ゾエ・タロン)があげられる。実際、彼女の影響力は確かなものであった。

アムラン夫人、アングルロ夫人、レカミエ夫人、一時期バラスの愛人となり、その後、カラマン゠シメイ公の夫人となった元タリアン夫人(「テルミドールの聖母」)のようなかつての「洒落女」も、この時期にサロンを開いていた。いく人かの回想録の女作者もみられた。たとえば、イダ・ド・サン゠テルムは波瀾万丈な人生を送ったが、一八二七年から一八二八年にかけて、『統領政府、帝政等の主要人物に関する同時代を生きたある女性の回想録、またはある女性の記憶』を刊行した。また、アブランテス公爵夫人ロール・ジュノは、バルザックの愛人でもあったが、一八三一年から一八三四

ジョルジュ・サンド

年にかけて、『ナポレオン、革命、総裁政府、帝政、復古王政の歴史の回想録』を出版した。

同様に、回想録作者で、フェミニスト作家のデュラス夫人をあげておこう。彼女はサロンを主宰し、当時の著名人がそこに足繁く通っていた。シャトーブリアンに後押しされて、彼女は一八二三年に『ウーリカ』を刊行した。それは、白人家族によって大事に育てられたセネガルの若い娘の人生を物語ることで、フェミニズムと人種差別をともに扱う作品であった。実際、作中でこの娘は、肌の色のために、一緒に育てられた青年との結婚を禁じられ、失意のうちに死んでいく。

女詩人のエリザ・メルクール、マルスリーヌ・デボルド＝ヴァルモール、アデライド・デュフレノワや、成功した小説家として、フランス語に長けたドイツ人女性バルバラ・クリューデナー、ソフィー・ゲと彼女の娘、デルフィーヌ・ド・ジラルダンもまた注目された。

最後に、「スキャンダラス」で挑発的なジョルジュ・サンドをあげておこう。彼女は公共の場でタバコを吸い、一八二九年には、実用的な理由から男装の許可を求めた。女性のズボンの着用を禁止した一七九三年法に照らすと、それは異例で下品な格好であった。サンドは「青鞜」の鑑《かがみ》と目された。

このように、才能と世知の傑出した女性たちがいたにもかかわらず、この時代に、女性解放運動はまったく存在しなかった。人脈を持たない女子や若い娘には、いかなる運命が待ち受けていたのであろうか。結婚するか、女中の身分、商売や職人仕事での厳しい暮らし、教育やモード産業に携わるか、貴婦人の付き添い女性を務めるかである。彼女たちの境遇が何であれ、女性が男性とは不平等な立場に置かれ、彼らに服従し、抑圧されていたことは確かである。こうした状況が、一八三〇年代の初めに、作家や政治家やエッセイストに、改めて女性の境遇について考えさせることになった。

七月革命前夜の変化

文学とユートピアの間に、あるいは芸術的な関心と政治的・社会制度的な分析の間に立つバルザックは、復古王政が終わりゆくこの時期に、フェミニスト思想の先駆者の一人であった。「女性の愛児」で、フェミニズムの擁護者、妹の親友ジュルマ・カローと親しくしたバルザックは、ロール・ド・ベルニやロール・ジュノ（アブランテス夫人）との大恋愛を経験したことがあった。ジョルジュ・サンドの大ファンでもある彼は、その後、エヴェリーナ・ハンスカと結婚し、あらゆる著名なサロンに足繁く通った。フォルチュネ・アムランやレカミエ夫人、アブランテス夫人、ソフィー・ゲ、それにジョルジュ・サンドのサロンにも足を運んだ。

若き独身時代にバルザックは、『結婚の生理学、または夫婦の幸福と不幸に関する折衷哲学的考察』の中で、男性には性的自由が与えられてきたことを告発し、女性の権利を擁護した。バルザックはカストリ侯爵夫人に、流行りの手引書の形式で、ユーモアたっぷりのこの作品を次のように紹介している。

私の『生理学』は、女性を擁護するのを目的に書かれた著作です。したがって、私の著作の観点は、夫に対して妻が犯してきたあらゆる過ちを拭い去ることです。それは偉大な罪の許しです。私はそこで、女性たちの永遠の自然権を要求しています。生活態度や性格など、夫婦が結婚に先立ち、お互いのことを完全に知っていなければ、幸福な結婚などありえません。私はこの原理のいかなる帰結を前にしてもひるむことはありません。私をよく知る人々は、私が物心ついたときからずっと、この考えに忠実であったことを知っています。私からみれば、過ちを犯す若い娘は、何も知らずに育ち、将来、無知のために生じた不幸で肥えてしまう娘よりも、ずっと尊い存在なのです。そういうわけで、私は寡婦としか結婚したくありません。

バルザックは寡婦のハンスカ夫人と結婚したので、有言実行を守ったことになる。したがって、一九世紀の最初の三分の一の時代に、すでに世間で認められた作家であったにもかかわらず、この点で、バルザックは活動家の立場を選択したことになる。彼は、社会が女性に割り当ててきた下位の従属的な地位を告発するために、サン゠シモン主義者と合流した(5)。数は少ないが、すぐに社会で影響力を持ったサン゠シモン主義者は、産業主義を推奨し、鉱山の積極的な開発と公共交通機関の発展を奨励するだけでなく、両性の平等も擁護していた。彼らごく少数によるユートピア社会主義の表明は、人々の心性と、経済的、社会的、社会制度的な働きの、ゆっくりとではあるが確かな変化に道を開いた。

ときに中傷され、戯画化された彼らだが、性的な逸脱や放縦の面でも激しく非難された。一八三〇年代から、女性たちは自身の置かれた境遇から逃れて、女性闘争を現実のものとしていく。家庭の女たちは家族の殻を打ち破り、外での仕事や街頭運動で活躍しようと、期待を抱き、ものを書き、女としての常軌を脱していった。

先駆者のクレール・バザール、ウジェニー・ニボワイエ、ジャンヌ・ドロワン、シュザンヌ・ヴォワルカンら、ジャーナリストや女性教師は、しばしばけなされて、実際に影響力を持ったのは一八三〇年以降のことでしかなかった。しかし、彼女たちは、女性の立場が、いくつかの例外的な人生を送っている者だけのことではないという考えをよく示していた。時代の重苦しい状況下で、女性たちが成功するには集団運動のほかに道はなかった。

おわりに

一七七〇年から一八三〇年までの女性運動の変遷に関するこの診断書は、一七八五年から一七九五年の時期の例外的な性格を明らかにしてくれる。実際、女性「グループ」が発言し、彼女たちの意見が聞かれ、公共空間で重きをなしたのは、この時期だけであった。本書は、旧体制のサロンの女主人の神話、一七七〇年代から八〇年代の自由で解放されていた女性が、フランス革命によって政治的権利を奪われ、公共空間から締め出されて、窒息させられたとする神話を再検討した。

革命当初は、全体的なプロセスの中で女性運動が確立し、女性たちが発言するようになった。しかし、一七九五年六月に、女性たちは突如として公共空間から排除された。女性運動の突然の停止の後、次第に、しかし確実に、一八三〇年まで抑圧と後退の局面が続いた。もし全体的な解放がみられるにはほど遠かったとしても、それでもやはり、女性が民法上の諸権利を獲得したのは、唯一この時期であった。その後の体制はそれを熱心に制限しようとしたのである。

女性による民法上の諸権利の獲得は、一七八九年八月から一七九二年九月にかけて実現された。一七八九年八月二六日、人権宣言は法の前の平等を宣言し、女性の法的・社会的・経済的身分が認められることを女性に期待させた。一七九〇年、一七九一年、一七九二年に、それらの願望は実現した。すなわち、法律と法令は、女性に法的身分と、男性と同じ民法上の諸権利を認めたからである。そこには、再婚を容易にするのを目的とした離婚の可能性が含まれていた。しかし、女性がもはや「未成年者」とみなされなかったとしても、新たな当局は、女性に対して、政治的権利を認めるのを拒み続けた。政治的権利を要求したのは、活発で、決然とした態度を示すごく少数の女性に限られた。これに対して、大多数の女性は主に食糧の要求を掲げていた。

現実には、ずっと以前から、女性たちは家族の食糧を手に入れるために、最前線で闘ってきたのである。食糧不足のときには、途方もなく続く行列に並ばざるをえなかった。家計の責任者として、上手くやりくりしていかなければならない女性たちは、食糧問題に敏感で、しばしば食糧暴動に参加しては、都市部でも農村部でも暴力行為に及んでいた。

女性たちの態度は毅然としていた。しかしながら、彼女たちは、必ずしも女性活動家の掲げる政治的要求に賛同していたわけではなかった。女性活動家は何よりもまず政治的権利を獲得し、市民の身分が認められるのを望んでいた。現実には、女性活動家の数は多くなかったが、それでも統治階層を不安にさせた。しかし、女性活動家が民衆層の女性にとって肝要な食糧問題を越えて行こうとしたとき、女性運動の不均質性が否が応でも浮上した。

女性たちの圧力にもかかわらず、革命当局は常に女性に政治的権利を認めるのを拒み、市民の身分を否定した。「編み物女たち《トリコトゥーズ》」のような女性たちは、それでもやはり「女性市民」を自称していた。そこにフランス革命の両義性がある。民法上の諸権利について譲歩しつつも、政治的権利については、厳密に男からなる政治体の優越を確認しながら、女性たちの要求に対してどのようなことまでしても突っぱねたのである。

一八世紀末の大多数の男性（と女性）の精神構造の枠の中にとどまった革命当局は、まさに時代の産物であった。啓蒙時代の息子たちは、自らの性に固有の社会制度的な矛盾を解決する能力を持たなかった。彼らの多くはルソーの言説やルーセル医師の生物学的な諸説に囚われたままであった。ほとんどの女性も同様であった。彼女たちは革命に関与しながらも、女性に固有の文化的な限界から抜け出すことができないままでいた。女性たちは私的空間において男性支配に慣れていたので、公的領域でもそれを受け入れた。もし彼女たちが一時期、公共空間で重きをなしたとしても、その数の少なさは、一七九五年六月における女性たちの突然の排除を可能にした。その後、「女性市民」という言葉は次第に捨て去られ、「マダム」や「マドモワゼル」という言葉が好んで用いられるようになった。かつて、女性の市民権が求められていたという事実を忘却させなければならなかったのである。結局、女性は社会において再び、娘や家族の一員としての私的な身分で扱われるようになった。すなわち、女性は「何某の娘」や「何某の妻」として、父親、兄弟、夫、息子、婿に従属させられたのである。こうして、一八〇四年の民法典の作成へと大きな道が開かれた。

その後、帝政期と復古王政期の抑圧は女性たちの主張を不可能にした。いく人かの著名な女性は、農村部であろうと都市部であろうと、一般女性の人生を何も反映してはいなかった。闘いの火蓋が再び切られるには、一八三〇年を待たなければならなかった。それはまず、革命の成果を取り戻し、ついで新たな成果を獲得して手中に収めようとした。二〇一八年の男女間の給料格差が証明するように、今日もまだ、男女平等の追求は終わりを告げていない。

最後に、一七九二年に民法上の諸権利が認められたこれらの女性たち、そして、そのほとんどが一七八九年から一八三〇年にかけて働いていた女性たちにもう一度戻ろう。農民であれ、職人や労働者であれ、または日雇い女や女性教師、モード産業や奢侈品産業の労働者であれ、彼女たちにとって、民法上の諸権利と労働こそが最も重要であった。しかし、自由な市民の政治的権利の獲得によってのみ可能となる、女性解放と両性の平等を望むほどではなかった。文化的限界に囚われ、古来続く偏見に繋がれた革命期の指導層の反応が、そのことを確認させる。

しかしながら、一七八九年から一七九五年にかけての時期に、女性の境遇と役割が確実に進展したことに変わりはない。かくして、旧体制期のサロンの女主人の神話、一七七〇年代から八〇年代にかけての自由で解放されていた女性が、フランス革命によって政治的権利を奪われ、公共空間から締め出されて、窒息させられたとする神話は、見事に打ち砕かれたのである。

註

はじめに

原註

（1）« Femmes et politique en Provence XVIIIe–XXe siècles », *Provence historique*, numéro spécial, fasc. 186, 1996.

第1章

原註

（1）Antoine Lilti, *Le monde des salons. Sociabilité et mondanité à Paris au XVIIIe siècle*, Paris, Fayard, 2005.

（2）Christine Le Bozec, *Lemonnier : un peintre en révolution*, Rouen, Publications de l'Université de Rouen, 2000.

（3）作品に付された説明書きによると、以下の代表的な人物が描かれている。ビュフォン、レスピナス嬢、クレロン嬢、ルケン、ダランベール、カルル・ヴァン・ロー、エルヴェシウス、デュクロ、ピロン、クレビヨン、ベルニ神父、ニヴェルノワ公爵、ダンヴィル公爵夫人、コンティ公、ジョフラン夫人、フォントネル、ジョゼフ・ヴェルネ、ウードト伯爵夫人、モンテスキュー、クレロー、ダグソー、メラン、モーペルテュイ、リシュリュー元帥、マルゼルブ、テュルゴ、ディドロ、ケネー、バルテルミー神父、ケリュス伯爵、ダンヴィル、スーフロ、ブーシャルドン、サン＝ランベール、ダルジャンタル、ヴォルテール、ショワズール公爵、エノー、ラモー、ルソー、レナル、ラ・コンダミーヌ、トマ、ヴィアン、マルモンテル、マリヴォー、グラッセ、ヴォーカンソン、ピガル、ベルナール・ド・ジュシュー、ドーバントン、コンディヤック神父、グラフィニ夫人、ロミュール、ボカージュ夫人をあげておこう。

（4）Christine Le Bozec, *La Première République, 1792–1799*, Paris, Perrin, 2014.

（5）Christine Le Bozec, *Boissy d'Anglas : un grand notable libéral*, Privas, FOL, 1995.

（6）Claude Adrien Helvétius, *De l'Esprit*, 1758.

（7）Paul Henri Dietrich, baron d'Holbach, *Éthocratie ou le gouvernement fondé sur la morale*, 1776.

（8）一七七三年に著者の死後刊行されたものだが、それ以前からテクストは手に取ることができた。

（9）Nicolas Edmé Restif de la Bretonne, *Les Françaises ou XXXIV exemples choisis dans les mœurs actuelles, propres à diriger les filles, les épouses, les femmes et les mères*, 1786.

（10）Jean-Baptiste Suard, « Fragments sur les femmes » inclus dans *Mélanges de littérature*, publiés en 1803.

（11）Jean-Jacques Rousseau, *Émile ou De l'éducation*, livre V, 1762（ルソー著／今野一雄訳『エミール』（下）岩波文庫、一九六四年を参照）.

（12）Pierre Choderlos de Laclos, *Discours pour l'Académie de Châlons-sur-Marne, Des Femmes et leur éducation*, 1783.

（13）Louis Sébastien Mercier, « Femmes-auteurs » dans *Tableau de Paris*, 1781–1787.

（14）Joseph de La Porte, *Histoire littéraire des femmes françaises*, 1769.

（15）Jean Antoine Nicolas de Caritat, marquis de Condorcet, *Lettres d'un bourgeois de New Haven*, 1787.

訳註

＊1　ボワシ・ダングラス（一七五六～一八二六年）。全国三部会の第三身分代表、憲法制定議会議員、国民公会議員、五百人会議員を歴任。総裁政府下に王党派に接近したことで、フリュクティドール一八日のクーデタで排除されるも、その後、ブリュメール一八日のクーデタを機に自由の身となり、護民院議員、元老院議員に選出された。

第2章

原註

（1）Madame de Coicy, *Les femmes comme il convient de les voir ou apperçu (sic) de ce que les femmes ont été, de ce qu'elles sont et de ce qu'elles pourraient être*, 1785.

（2）*Cahiers de doléances des femmes en 1789 et autres textes*, Paris, Éditions des femmes, 1981.

（3）*Ibid.*

（4）*Ibid.*
（5）Gabrielle Souchon, 1632–1703, *La contrainte*, 1693 ; *le Traité de morale et de la politique*, 1693 ; Madame Galien, *Apologie des dames appuyée sur l'histoire*, 1737 ; Madame de Coicy, *op. cit.*
（6）François Poullain de la Barre, *De l'égalité des deux sexes, discours physique et moral, où l'on voit l'importance de se défaire des préjugés*, Paris, 1673（フランソワ・プーラン・ド・ラ・バール著／古茂田宏・今野佳代子・佐々木能章・佐藤和夫・仲島陽一訳『両性平等論』法政大学出版局、一九九七年、所収、参照）.
（7）Pierre Roussel, *Système physique et moral de l'état organique de la femme, ou tableau philosophique de la constitution de l'état organique, du tempérament et des mœurs, et des fonctions propres au sexe*, 1775.
（8）ピエール・ジョルジュ・カバニスの省察録は、*Rapport du physique et du moral de l'homme*, 1802 に集められている。
（9）Jean Nicolas, *La rébellion française : mouvements populaires et conscience sociale, 1661–1789*, Paris, Le Seuil, 2002.

訳註

＊1　プーラン・ド・ラ・バールはもともと聖職者であったが、司祭職を放棄し、カルヴァン主義に改宗。その後、ジュネーヴに移り住み、ジュネーヴ大学でポストを得る。

第3章

原註

（1）Marie-Jo Bonnet, « Femmes peintres à leur travail : de l'autoportrait comme manifeste politique（XVIIIe–XIXe siècles）», *Revue d'histoire moderne & contemporaine*, n° 49–3, mars 2002.
（2）*Ibid.*
（3）Annie Geffroy, « Louise de Kéralio, pionnière du républicanisme sexiste », Paris, *AHRF*, n° 344, 2006, p. 107–124.
（4）*Romans de femmes du XVIIIe siècle*, Paris, Robert Laffont, coll. « Bouquins », 1996.
（5）Jeremy L. Caradonna, « Prendre part au siècle des Lumières. Le concours académique et la culture intellectuelle au XVIIIe siècle »,

Annales. Histoire, Sciences sociales, vol. 64, mars 2009, p. 633–662.
（6）Éric Saunier (dir.), *Encyclopédie de la franc-maçonnerie*, Paris, Librairie générale française, 2000.
（7）Michelle Sapori, *Rose Bertin : ministre des modes de Marie-Antoinette*, Paris, Institut français de la mode/Éditions du Regard, 2003.
（8）Christine Le Bozec, *Barras*, Paris, Perrin, 2016.
（9）*Romans de femmes du XVIIIe siècle, op. cit.*
（10）*Ibid.*
（11）Jean Nicolas, *La rébellion française, op. cit.*

訳註

＊1　人口抑制を説くマルサス主義から転じて、ここではアカデミーにおける女性会員数の抑制政策を示している。

第4章

原註

（1）*Cahiers de doléances des femmes en 1789 et autres textes, op. cit.*
（2）Bibliothèque nationale, Microfiche 8-LB39-1593.
（3）Olivier Blanc, « Cercles politiques et "salons" du début de la Révolution (1789–1793) », *AHRF*, n° 344, 2006, p. 63–92.
（4）一七七六年に創設され、アメリカ独立戦争を支持したこの会所《ロッジ》は、将来革命家になる多くの才能ある人々や注目される政治家を受け入れていた。
（5）ジャコバン・クラブは、ラ・ファイエットを支持するフイヤン派と、シャン・ド・マルスの虐殺に抗議し、クラブに残った勢力の間で内部分裂した。フイヤン派は政治の舞台からすぐに姿を消していった。
（6）Claude Guillon, « Pauline Léon, une républicaine révolutionnaire », *AHRF*, n° 344, 2006, p. 147–159.
（7）Clyde Plumauzille, *Prostitution et Révolution. Les femmes publiques dans la cité républicaine (1789–1804)*, Ceyzérieu, Champ Vallon, 2016.

（8）Dominique Godineau, *Citoyennes tricoteuses : les femmes du peuple à Paris pendant la Révolution française*, Aix-en-Provence, Éditions Alinéa, 1988.

（9）Olivier Blanc, *art.cit.*

訳註

＊1　憲法制定議会は市民を、政治的権利を行使できる能動市民（二五歳以上で三日分の賃金に相当する直接税を納める男性）とそれを備えない受動市民に区別した。それにより、女性は受動市民であるとして政治的権利が制限された。

＊2　革命期に政治的活動に積極的に参加した女性たちの総称。編み物をしながら議会や裁判所の傍聴席を占めたことから、「編み物女たち《トリコトゥーズ》」と呼ばれた。なお、編み物で用いられる棒針などは「武器」になりえたので、それ自体、示威的な行為でもあった。

第5章

原注

（1）Dominique Godineau, *Citoyennes tricoteuses, les femmes du peuple à Paris pendant la Révolution française, op. cit.*

（2）Christine Le Bozec, *La Première République, op. cit.* この問題に関して三つのアプローチに言及することができる。Claude Mazauric, « Terreur » dans Albert Soboul (dir.), *Dictionnaire historique de la Révolution française*, Paris, PUF, 1989, p. 1020–1025 ; Patrice Gueniffey, *La politique de la Terreur. Essai sur la violence révolutionnaire, 1789–1794*, Paris, Fayard, 2000 ; Jean-Clément Martin, *Les échos de la Terreur : vérités d'un mensonge d'État (1794–2001)*, Paris, Belin, 2018.

（3）Sylvie Steinberg, *La confusion des sexes. Le travestissement de la Renaissance à la Révolution*, Paris, Fayard, 2001.

（4）彼らのうち、バジールはダントンとともに一七九四年四月五日、「寛容派」として処刑された。シャボは山岳派内右派で穀物管理法にさえ反対し、自由取引を主張したが、処刑されず、総裁政府期、統領政府期を議員として生き延びた。

（5）ファーブル・デグランティーヌ（一七五〇〜一七九四年）。「寛容派」に分類され、汚職と不正清算のために告発された彼は、一七九四年四月五日、ギロチンで処刑された。

訳註

＊1　ジャン＝ポール・マラー（一七四三〜一七九三年）。革命期にジャーナリストとして『人民の友』紙を発刊。急進派の指導者として国民公会議員に選出され活躍するも、シャルロット・コルデにより暗殺され、その後、山岳派により神格化されていった。

＊2　革命期の急進派・過激派で、食糧品への一般的な価格公定、投機者、買い占め人の死刑などを要求し、直接行動も辞さなかった。

第6章

原註

（1）Pierre Roussel, *op. cit.*

（2）Sylvie Steinberg, *La confusion des sexes*, *op. cit.*

（3）Dominique Godineau, « De la guerrière à la citoyenne. Porter les armes pendant l'Ancien Régime et la Révolution française », *Clio. Histoire, femmes et sociétés*, 2004.

（4）*Révolutions de Paris*, 5–12 janvier 1793, n°183.

（5）Marie-Jo Bonnet, « Femmes peintres à leur travail : de l'autoportrait comme manifeste politique（XVIIIe–XIXe siècles）», *art.cit.*

（6）Christine Le Bozec, *La Première République*, *op. cit.*

（7）Clyde Plumauzille, *Prostitution et Révolution. Les femmes publiques dans la cité républicaine (1789–1804)*, *op. cit.*

訳註

＊1　アマールの演説については、辻村みよ子「フランス革命期における女性の権利――フランス女権史研究・序説」『成城法学』一七号、一九八四年、九六〜九九頁を参照。

第7章

原註

（1）二人とも、暴力的な「テロリスト」行為で知られる派遣議員で、一方はトゥーロンで、他方はボルドーで、凄惨な略奪と公金横領を首謀した。一七九四年一月、彼らはこれらの事実のためにロベスピエールによってパリに呼び戻された。彼らは国民公会に戻ると、残虐行為を否定する姿勢を示した。ロベスピエールの没落によって安心した彼らは、かつての立場を反転させ、山岳派政治を告発した。

（2）Christine Le Bozec, *La Première République*, *op. cit.*

（3）Richard Cobb, *La protestation populaire en France (1789–1820)*, Paris, Calmann-Lévy, 1975.

（4）Christine Le Bozec, *La Première République*, *op. cit.*

訳註

＊1　共和暦二年プレリアル二二日法（一七九四年六月一〇日）により、革命裁判所の権限が拡大し、反革命容疑者は弁護士・証人を必要としない裁判にかけられ、判決は死刑か無罪のみとなった。

＊2　一七九四年七月二七日（共和暦二年テルミドール九日）、国民公会においてクーデタが決行され、ロベスピエール派が逮捕・処刑された。

第8章

原註

（1）共和暦四年ブリュメール四日（一七九五年一〇月二六日）から共和暦八年ブリュメール一八日（一七九九年一一月九日）まで。

（2）Dominique Julia, *Les trois couleurs du tableau noir. La Révolution*, Paris, Belin, 1981.

(3) René Grevet, *L'avènement de l'école contemporaine, (1789–1835). Laïcisation et confessionnalisation de la culture scolaire*, Villeneuve-d'Ascq, Presses universitaires du Septentrion, 2001, p. 208.

(4) 共和暦七年テルミドール八日（一七九八年七月二六日）、オート・ガロンヌ県当局の推薦。

(5) Christine Le Bozec, *Barras*, *op. cit.*

(6) *Ibid.*

(7) Jules et Edmond Goncourt, *Histoire de la société française pendant le Directoire*, 1855.

(8) Hippolyte Taine, *Les origines de la France contemporaine, 1775–1893.*

(9) Olivier Blanc, *Les Libertines. Plaisir et liberté au temps des Lumières*, Paris, Perrin, 1997.

(10) Jean-Clément Martin, *La révolte brisée. Femmes dans la Révolution française et l'Empire*, Paris, Armand Colin, 2008.

第9章

原註

(1) George Dupuy (dir.), *Mémoires de Barras, membre du Directoire*, Paris, Hachette, 1895–1896 et Christine Le Bozec, *Barras*, *op. cit.*, p. 83–84.

(2) Joseph-Marie Lequinio de Kerblay (1755–1812), *Les préjugés détruits*, Paris, Imprimerie du Cercle Social, 1793.

(3) Pierre Guyomar (1757–1816), « Le partisan de l'égalité politique entre les individus, ou problème très important en droits, et de l'inégalité de fait », Imprimerie nationale, s.d.

(4) Caroline Fayolle, « Former la "femme nouvelle" ». Les débats à la Convention sur l'éducation publique des filles (septembre 1792–décembre 1793), *Cahiers de l'Institut d'histoire de la Révolution française*, n°6, 2014.

(5) Jacques-Marie Rouzet (1743–1820), *Projet de constitution française*, 18 avril 1793.

(6) Nicolas de Condorcet, *Rapport*, 20–21 avril 1792.

(7) Jean-Marie Calès (1757–1834), *De l'éducation nationale*, 1793.

(8) Joseph Lakanal (1762–1845), *Projet de décret pour l'établissement de l'instruction nationale* et discours préliminaire prononcé le 26

juin 1793.
(9) Marie-Jean Hérault de Séchelles. 一七九三年八月二〇日時点で国民公会議長。
(10) Jean-François Baraillon (1743–1816).
(11) Joseph Serre (1762–1831), « Quelques réflexions sur l'instruction publique ».
(12) Louis Michel Le Peletier de Saint-Fargeau (1760–1793).
(13) Léonard Bourdon (1754–1807), « Projet de décret sur l'éducation nationale », 1793.
(14) Charles Duval (1750–1829), « Sur le projet d'éducation du Comité d'instruction publique », 1793.
(15) Charles Delacroix (1750–1805), « Projet sur l'éducation commune », 1793.
(16) Pierre-Charles François Dupont (1740–1793), « Bases de l'éducation publique ou l'art de former des hommes », 1793.
(17) Nicolas Hentz (1753–1830), « Sur l'instruction publique », 14 juillet 1793.
(18) Claude Louis Masuyer (1759–1794), « Organisation de l'instruction publique et de l'éducation nationale en France », 1793.
(19) Jean-Clément Martin, « Femmes et guerre civile, l'exemple de la Vendée, 1793–1796 », *Clio*, n° 5, janvier 1997.
(20) Naomi Klein, *La stratégie du choc*, Paris, Actes Sud, 2008.

訳註

＊1 辻村みよ子『ジェンダーと人権——歴史と理論から学ぶ』日本評論社、二〇〇八年を参照。

＊2 ヴァンデの叛徒たちの進軍。国民公会の三〇万人募兵をきっかけとしてフランス西部で蜂起したヴァンデ軍であったが、共和国軍の反撃により守勢に立たされると、兵士とその家族、一般住民は虐殺を恐れてロワール河北岸へと逃避した。しかし、英仏海峡に面した港町に到達するもイギリスの支援が得られないことがわかると、彼らは再び故郷を目指して歩いたが、結局、その目前で共和国軍に殲滅させられた。

第10章

原註

（1）Général de Montholon, *Récits de captivité de l'Empereur*, 1847.

（2）一八一五年以来、セントヘレナで、ラス・カーズ伯爵によって記録され、一八二三年に刊行されたナポレオンの回想録。

（3）県文書館で常に参照できる。

（4）Pierre Coftier et Paul Dartiguenave, *Révolte à Caen, 1812*, Cabourg, Éditions Cahiers du temps, 1999.

（5）サン・シモン伯爵（一七六〇〜一八二五年）の社会経済的学説に基づき、一般利益、平和、博愛のために、産業主義を推奨する思想。その一方で、サン・シモン主義者は、女性解放と両性の平等を主張していた。

訳註

＊1　カンバレセスは革命前、モンペリエ租税法院首席長官、この時の下僚をナポレオン期にも要職に抜擢などしている。岡本明『ナポレオン体制への道』ミネルヴァ書房、一九九二年。

訳者あとがき

本書は、Christine Le Bozec, *Les femmes et la Révolution, 1770–1830*, Paris, Passés Composés, 2019 の全訳である。一九四七年生まれの著者クリスティーヌ・ル・ボゼックは、ルーアン大学でクロード・マゾリックの指導のもと、フランス革命期の研究を開始した。彼女の博士論文は、本書でも度々登場するボワシ・ダングラスに焦点を当てたものである（*Boissy d'Anglas, un grand notable libéral*, Privas, Fédération des œuvres laïques de l'Ardèche, 1995 として出版）。長らくルーアン大学で教鞭を執り、二〇〇三～二〇〇八年には同大学の文学部長を務めている。なお、彼女の主な著作には上記を除き、以下のものがある。

Lemonnier, un peintre en révolution, Rouen, Publications de l'Université de Rouen, 2000.
La Normandie au XVIIIe siècle, Croissance, Lumières et Révolution, Rennes, Ouest-France, 2002.
Danton et Robespierre, les deux visages de la Révolution, Paris, Le Figaro Éditions, 2011.
La Première République, 1792–1799, Paris, Perrin, 2014.
Barras, Paris, Perrin, 2016.
Révolution et religion, Paris, Passés Composés, 2021.

これらのタイトルをみる限りでも、彼女の関心が革命の前後を含む広い意味でのフランス革命期にあることは明らかである。また、革命史家がしばしば革命前期（革命独裁まで）に注目してきたのに対し、彼女のまなざしが革命後期にも向けられていることは特徴的である。これらの成果は本書のなかでも如何なく発揮されており、とくに本書におけるボワシ・ダングラスに関する細部にわたる記述は長年の研究成果を反映したものである。ちなみに、訳者がル・ボゼックに注目したのも、ボワシ・ダングラスに関する彼女の一連の研究からであった。

さて、本書はフランスにおいて専門家だけでなく一般の読者層を想定して出版されたものである。したがって、内容は比較的わかりやすく、議論も明快で、フランス革命期の女性史に詳しくなくとも、理解できる構成になっている。ただし、日本の読者には自明でないこともままみられるので、以下では訳者なりに本書の特徴をまとめてみたい。

第一に、本書でル・ボゼックは、フランス革命が女性の立場を旧体制期よりも後退させたとする議論を強く批判している。彼女によれば、近年、一八世紀のサロン文化に注目が集まるなか、女性が女主人としてサロンを切り盛りし、男性と平等な立場で政治的な議論を交わしていたというイメージが広がることで、あたかもそれが当時の典型的な女性像として語られてきたという。確かに、サロンの女主人の役割を過小評価すべきではないが、少なくともそれは閉鎖空間におけるごく一部の女性の場合にすぎず、大多数の女性たち（農民、労働者、使用人など）はやはり政治的・社会的・経済的に従属的な地位に甘んじていたのである。フランス革命はこれら多くの女性たちを革命運動のなかに引き込むことで、歴史上類をみない規模の女性たちの政治参加が実現したという。これまで我が国でも、マリー・アントワネット、オランプ・ド・グージュ、ロラン夫人、テロワーニュ・ド・メリクールなど、革命期の著名な女性たちについてはよく知られてきた。しかし、本書で彼女らに割かれる部分は少なく、むしろ多様な職業の女性たち（教師、芸術家、企業経営者など）が広く扱われている。その点で、革命期の女性たちの政治的・社会的・経済的状況の現実を知るうえで、重要な知見を与えてくれる。

第二に、本書では、革命期の女性クラブの政治運動の実態が詳細に論じられている。とくに女性運動の不均質な構成を明らかにしたうえで、女性たちが山岳派独裁期に政治舞台から排除された理由として、しばしば語られるように「女性が単に女性であるから」というのではなく、革命に積極的に関与した多くの女性たちの関心が何よりも食糧問題にあったこと、それを解決するために「アンラジェ（過激派）」と結びつき直接民主政を嗜好したこと、そのため山岳派指導層から警戒され、クラブ活動の禁止、女性を含めた民衆運動そのものの弾圧が引き起こされたことが明快に論じられている。女性運動の動向を革命の構造とプロセスのなかにしっかりと位置づけて論じようとする著者の姿勢がみてとれる。結局、女性たちの政治運動への関わりは、テルミドール派国民公会によるジェルミナルとプレリアルの蜂起の鎮圧によってほぼ消失したとされるが、そのとき、国民公会の議長を務めていたボワシ・ダングラスの態度と女性たちの主張のコントラストが鮮やかに描き出されている。

第三に、フランス革命期の女性の歴史はこれまで、パリを中心に描かれてきたのに対し、本書では、地方の女性たちにも言及されている。その際、革命を積極的に推進しようとした女性たちだけでなく、革命に尻込みしたり、反革命を積極的に支持する女性たちにも目が向けられており、本書の特徴の一つとなっている。実際、革命を支持するにせよ、反対するにせよ、そこでみられるのは女性たちの政治意識の覚醒であり、これこそがまさに女性史におけるフランス革命の意義なのである。

第四に、本書のもう一つの特徴として、扱う時期の長さを指摘できる。原書のタイトルからもわかるとおり、始点は一七七〇年に設定され、旧体制末期の女性たちが視野に入れられている。また、終点を一八三〇年とすることで、革命後期にあたる総裁政府期、ナポレオン時代、復古王政期までを見通すものとなっている。確かに、ジェルミナルとプレリアルの蜂起の鎮圧により、それ以降、女性たちは再び「家」のなかに閉じ込められたし、ナポレオン法典は女性の社会的地位を後退させたのだが、一方で、こうした時代にもサロンは細々とではあるが存続し、女性たちの活動が完全に停止したわけではなかった。そして復古王政期になると、バルザックやサン゠シモン主義者が女性の権利を改めて訴えることで、女性運動の新たな動きが始まるとして、本書は閉じられている。なお、ナポレオン時代を専門とする訳者からすれば、総裁政府期からナポレオン時代にかけての叙述がサロンの女性たちに収斂していったことに不満を覚えないではない。民衆層の女性たち、あるいは地方の女性たちは、この時代をどのように経験したのであろうか。ナポレオン法典による相続法を「戦略的」に利用した女性たち（とくに独身女性）はいなかったのであろうか。ナポレオン時代に、女性たちの法的従属性を転用して、懲罰を免れやすい女性たちが積極的に叛乱に参加していたことを考えると、これらの時代の女性たちの主体性について検討すべき課題は多いように思われる。むろん、こうした問題は今後の世代の宿題であるだろう。

ところで、読者のなかには、なぜフランス革命期にこうも多くの女性たちが政治運動に積極的に参加したにもかかわらず、フランスでは女性参政権が認められるのが遅かったのか（第二次世界大戦後のことでしかない）疑問に思われた方がいるかもしれない。しかし、実はその答えも本書のなかで明確に述べられている。すなわち、女性運動のなかで、女性の政治的な権利を主張した人々はごく一部にすぎず、革命を推進しようとした女性たちの多くはまだ従来の性別役割分担の規範を当然のものとして受け入れていたのである。むろん、その背景として、カトリック的な価値観が社会に深く刻まれていたことは明らかであるし、反革命陣営の女性たちであればなおさらであった。第二次世界大戦後、女性参政権が認められたとはいえ、こうした規範や価値観が本格的に弱まるのはせいぜい第五共和政以降のことでしかなかった。以来、フランスでは男女平等が著しく進んだが、著者によれば、給料格差の面では未だ本当の平等は実現されていないという。

最後に、翻訳にあたってお世話になった方々にお礼を申し上げたい。本書を翻訳するきっかけは、現在、訳者が勤めている福岡女子大学のゼミ生から与えられた。フランス革命期の女性について研究したいと申し出た藺牟田帆乃香さんに、とりあえず「定番」のオリヴィエ・ブラン著／辻村みよ子監訳『オランプ・ドゥ・グージュ――フランス革命と女性の権利宣言』信山社、二〇一〇年を紹介してみたが、もっと「ふつう」の女性たちが革命をどのように経験したかを調べたいということになった。しかし、フランス革命の構造をしっかりと論じつつ、当時の女性たちの全体像を提示し、かつ日本語で読める本はほとんど見当たらないので、何かフランス語の本で良いものはないか探していたところ、本書と出会った。その後、藺牟田さんと一緒に翻訳を進めるなかで、広く日本の読者にも紹介したいと思うようになり、本格的な訳出に取り掛かった次第である。このようなきっかけを与えてくれた藺牟田さんをはじめ、ゼミ生の皆さんに感謝したい。また、翻訳作業にあたっては、いつもながら岡本明先生（広島大学名誉教授）のお世話になった。岡本先生には、訳のすべてに目を通していただいただけでなく、不適切と思われる表現や改善の余地のある表現についてご指摘いただき、ときに訳者には全く思いもつかない訳をご提案いただくこともあった。この機会に、先生の力量に改めて驚嘆するとともに、多くを学ばせていただいた。心より御礼申し上げる。最後に、本書の出版にあたっては、同僚の坂口周先生より慶應義塾大学出版会をご紹介いただいた。編集者の村上文さんには、本書の企画から構成まで大変お世話になった。村上さんとはいつもフランス談義で盛り上がり楽しい時間を過ごしたが、とくに一般読者に向けての「工夫」という点では、村上さんの仕事に大変助けられた。また、校正者の尾澤孝さんからは、綿密かつ的確なご指摘をいただいた。改めて感謝申し上げたい。

藤原翔太

二〇二一年一二月

著者
クリスティーヌ・ル・ボゼック　Christine Le Bozec
1947 年生まれ。歴史学博士（ルーアン大学）、フランス革命の専門家。
著作に、*La Normandie au XVIIIe siècle, Croissance, Lumières et Révolution*, Ouest-France, 2002, *La Première République 1792–1799*, Perrin, 2014, *Révolution et religion*, Passés Composés, 2021 など。

訳者
藤原翔太　ふじはら しょうた
1986 年生まれ、島根県出身。2016 年トゥールーズ・ジャン・ジョレス大学博士課程修了（フランス政府給費留学）、博士（歴史学）。
現在、福岡女子大学国際文理学部准教授。
著作に、『ナポレオン時代の国家と社会——辺境からのまなざし』（刀水書房、2021 年）、『東アジアから見たフランス革命』（共著、風間書房、2021 年）、『フランスの歴史を知るための 50 章』（共著、明石書店，2020 年）など。

フランス革命関連年表

年	月日	出来事
1774		ルイ16世即位
1787	2.22	名士会議召集
1788	8.8	全国三部会召集布告
1789	1.24 5.5 6.17 6.20	全国三部会選挙、陳情書作成開始 全国三部会開催 第三身分代表、国民議会設立を宣言 球戯場の誓い
1789	7.9 7.14 8.4 8.26 10.5–6	憲法制定国民議会（立憲議会）成立 バスティーユ襲撃事件 封建的諸特権の廃止宣言 人権宣言採択 ヴェルサイユ行進
1790	3. 7.12 7.14	「憲法を支持する両性愛国者博愛協会」（男女混成クラブ）創設 聖職者民事基本法成立 全国連盟祭
1791	3. 6.20 7.17 9. 9.30 10.1	「真実の友の愛国的慈善協会」（初の女性クラブ）創設 ヴァレンヌ逃亡事件 シャン・ド・マルスの虐殺 オランプ・ド・グージュ「女権宣言」発表 立憲議会解散 立法議会開会
1792	3.6 3.20 8.20 9. 9.20 9.21 9.22	ポーリーヌ・レオンら女性国民衛兵の創設要求 ジロンド派内閣成立 パリ民衆、テュイルリー宮殿襲撃、王権停止 九月虐殺 戸籍の世俗化、離婚の合法化 国民公会開会 第一共和政成立

1793	1.21	ルイ16世処刑
	213	第1回対仏大同盟成立
	3.11	ヴァンデの反革命運動開始
	4.3	市民（男性）の三色徽章着用の義務化
	4.30	女性の軍隊からの除隊命令
	5.10	「革命共和女性市民協会」創設
	5.31	パリ民衆、国民公会包囲
	6.2	パリ民衆、国民公会再度包囲、ジロンド派議員の逮捕
	6.	各地でフェデラリスム（連邦主義）の運動勃発
	6.24	93年憲法成立
	7.13	シャルロット・コルデによるマラー暗殺
	7.17	シャルロット・コルデ処刑
	8.23	国民総動員令
	9.21	女性の三色徽章着用の義務化
	9.29	一般最高価格令
	10.5	革命暦採用
	10.16	マリー・アントワネット処刑
	10.29	デグランティーヌ演説
	10.30	アマール演説、女性クラブの禁止、女性のクラブ出禁
	10.31	ジロンド派処刑開始、男装・女装の禁止
	11.3	オランプ・ド・グージュ処刑
	11.8	ロラン夫人処刑
	11.17	ショーメット演説
	12.4	フリメール14日の法令（革命独裁の制度化）
	12.19	ブキエ法成立
1794	3.24	エベール派処刑
	4.5	ダントン派処刑
	6.8	最高存在の祭典
	6.10	プレリアル22日法制定
	7.27	テルミドール9日のクーデタ
	7.28	ロベスピエールら処刑
	11.12	パリのジャコバン・クラブ閉鎖
	12.24	一般最高価格令の廃止

1795	4.1 5.20 5.23 8.22 10.5 10.26 10.27	ジェルミナルの蜂起 プレリアルの蜂起 女性の家庭復帰令 共和暦 3 年憲法成立 ヴァンデミエールの蜂起 国民公会解散 総裁政府成立
1796	5.10 9.4	バブーフの陰謀発覚 フリュクティドール18日のクーデタ
1798	5.11	フロレアル22日のクーデタ
1799	6.18 11.9 12.13 12.25	プレリアル30日のクーデタ ブリュメール18日のクーデタ 共和暦 8 年憲法布告 統領政府成立
1804	3.21 5.18	ナポレオン民法典成立 第一帝政成立
1814	5.3	復古王政成立
1830	7.27–29	七月革命

竹中幸史『図説　フランス革命史』(河出書房新社、2013年、150頁) を参考に訳者が作成。

文献案内

概説

Bertier de Sauvigny, Guillaume, *La Restauration*, Paris, Flammarion, 1955.

Démier, Francis, *La France de la Restauration (1814–1830)*, Paris, Gallimard, 2012.

Le Bozec, Christine, *La Première République, 1792–1799*, Paris, Perrin, 2014.

Martin, Jean-Clément, *Nouvelle histoire de la Révolution française*, Paris, Perrin, 2012.

Jessenne, Jean-Pierre, *Révolution et Empire, 1783*–1815, Paris, Hachette, 2002.

Nicolas, Jean, *La rébellion française : mouvements populaires et conscience sociale, 1661–1789*, Paris, Le Seuil, 2002.

Roche, Daniel, *La France des Lumières*, Paris, Fayard, 1993.

サロンと女性

Blanc, Olivier, *Les Libertines. Plaisir et liberté au temps des Lumières*, Paris, Perrin, 1997.

Blanc, Olivier, *Marie-Olympe de Gouges, une humaniste à la fin du XVIIIe siècle*, Luzec, René Viénet, 2003（オリヴィエ・ブラン著／辻村みよ子監訳『オランプ・ド・グージュ――フランス革命と女性の権利宣言』信山社、2010年）.

Brives, Marie-France (dir.), *Les femmes et la Révolution française*, Toulouse, Presses universitaires du Mirail, 1988.

Brouard-Arends, Isabelle, Plagnol-Diéval, Marie-Emmanuelle (dir.), *Femmes éducatrices au siècle des Lumières*, Rennes, PUR, 2007.

Craveri, Benedetta, *Les derniers libertins*, Paris, Flammarion, 2016.

Darmon, Pierre, *Femme, repaire de tous les vices. Misogynes et feminists en France, XVIe–XIXe siècles*, Bruxelles, André Versaille, 2012.

Duby, Georges, Perrot, Michelle, *Histoire des femmes en Occident*, Paris, Plon, 1992.

Fayolle, Caroline, *La femme nouvelle. Genre, éducation, Révolution (1789–1830)*, Paris, Éditions du CTHS, 2017.

Godineau, Dominique, *Citoyennes tricoteuses : les femmes du people à Paris pendant la Révolution française*, Aix-en-Provence, Éditions Alinéa, 1988.

Grevet, René, *L'avènement de l'école contemporaine, (1789–1835). Laïcisation et confessionnalisation de la culture scolaire*, Villeneuve-d'Ascq, Presses universitaires du Septentrion, 2001.

Julia, Dominique, *Les trois couleurs du tableau noir. La Révolution*, Paris, Belin, 1981.

Le Bozec, Christine, *Lemonnier : un peintre en révolution*, Rouen, Publications de l'Université de Rouen, 2000.

Lilti, Antoine, *Le monde des salons. Sociabilité et mondanité à Paris au XVIIIe siècle*, Paris, Fayard,

2005.
Martin, Jean-Clément, *La révolte brisée. Femmes dans la Révolution française et l'Empire*, Paris, Armand Colin, 2008.
Martin, Jean-Clément, *Les échos de la Terreur : vérités d'un mensonge d'État (1794–2001)*, Paris, Belin, 2018.
Menant, Sylvain (dir.), *Femmes des Lumières, Dix-huitième siècle*, n°36, 2004.
Morin-Rotureau, Évelyne (dir.), *1789–1799 : combats de femmes. La Révolution exclut les citoyennes*, Paris, Éditions Autrement, coll. « Mémoires », n°96, 2003.
Mousset, Sophie, *Olympe de Gouges et les droits de la femme*, Paris, Éditions du Félin, 2003.
Perrot, Michelle, *Les femmes ou les silences de l'Histoire*, Paris, Flammarion, 1998.
Plumauzille, Clyde, *Prostitution et Révolution. Les femmes publiques dans la cité républicaine (1789–1804)*, Ceyzérieu, Champ Vallon, 2016.
Steinberg, Sylvie, *La confusion des sexes. Le travestissement de la Renaissance à la Révolution*, Paris, Fayard, 2001.
Steinberg, Sylvie (dir.), *Une histoire des sexualités*, Paris, PUF, 2018.
Trousson, Raymond (dir.), *Romans de femmes du XVIIIe siècle*, Paris, Robert Laffont, coll. « Bouquins », 1996.
Viguerie, Jean de, *Filles des Lumières. Femmes et sociétés d'esprit à Paris au XVIIIe siècle*, Bouère, Dominique Martin Morin, 2007.
Zancarini-Fournel, Michelle, *Les luttes et les rêves. Une histoire populaire de la France de 1685 à nos jours*, Paris, Le Découverte, 2016.

1770～1830年の回想録と証言

Abrantès, duchesse d', (Laure Junot), *Souvenirs historiques sur Napoléon, la Révolution, l'Empire et la Restauration*, Paris, Ladvocat, 1831–1835.
Mémoires de Madame la duchesse d›Abrantès, *Histoire des salons de Paris : Tableaux et portraits du grand monde sous Louis XVI, le Directoire, l'Empire, la Restauration et le règne de Louis-Philippe 1er*, Paris, Ladvocat, 1837–1838.
Balzac, Honoré, *La physiologie du marriage*, Paris, Levavasseur et Urbain Canel, 1829.
Boignes, Louise, Comtesse de, *Mémoires d'une tante*, Paris, 1820.
Campan, Madame, *De l'éducation*, Paris, 1824.
Genlis, Félicité de, *Mémoires de Madame de Genlis, 1746–1830*, Paris, Gustave Barba.
Rolland, Madame, *Mémoires*, rédigées à la prison de l'Abbaye en 1793.
De Gouges, Olympe, *Déclaration des Droits de la femme et de la citoyenne*, Paris, septembre 1791（辻村みよ子『ジェンダーと人権——歴史と理論から学ぶ』日本評論社、2008年、322～325頁）.

女子教育

Baraillon, Jean-François, « Intervention à la Convention le 25 brumaire an II ».

Bourdon, Léonard, « Projet de décret sur l›éducation nationale », 27 juillet 1793.

Condorcet, Nicolas de, « Cinquième mémoire sur l›instruction publique », 1791.

Delacroix, Charles, « Projet de loi sur l›éducation commune », 1793.

Ducos, Jean-François, « Sur l›instruction publique et spécialement sur les écoles primaires », décembre 1792, *Procès-verbaux du Comité d'instruction publique*.

Dupont, Pierre Charles François, « Bases sur l'éducation publique, ou l'art de former des hommes », 1793.

Duval, Charles François Marie, « Sur l'éducation publique », juin 1793.

Duval, Charles François Marie, « Sur le projet d'éducation du Comité d'instruction publique ».

Lakanal, Joseph, Discours préliminaire lu à la Convention nationale, 26 juin 1793.

Leclerc, Jean-Baptiste, « Discrous sur l'instruction publique », 18 décembre 1792.

Masuyer, Claude Louis, « Discours sur l'organisation de l'instruction publique et de l'éducation nationale en France. Examen et réfutation du système proposé successivement par les citoyens Condorcet et Gilbert Romme au nom du comité d'instruction publique de l'Assemblée législative et de la Convention nationale ».

Palm d'Aelders, Etta, *Sur l'injustice des lois en faveur des hommes, aux dépens des femmes*, Paris, Imprimerie du Cercle social, 1790.

Palm d'Aelders, Etta, *Appel aux Françoises sur la régénération des mœurs et nécessité de l'influence des femmes dans un gouvernement libre*, Paris, Imprimerie du Cercle social, 1791.

Guyomar, Pierre, *Le partisan de l'égalité politique entre les individus, ou problème très important de l'égalité en droits, et de l'inégalité de fait*, Paris, Imperimerie nationale, 1793.

Hentz, Nicolas, « Sur l'instruction publique », 14 juillet 1793.

Lequinio de Kerblay, Joseph Marie, *Les préjugés détruits*, Paris, Imperimerie du Cercle social, 1er janvier de l'an II, 1793.

Lequinio de Kerblay, Joseph Marie, « Éducation nationale : plan proposé à la Convention nationale dans la séance du 2 juillet 1793 ».

Macaulay, Catharine, « Lettres sur l'éducation », 1790.

Romme, Gilbert, « Rapport sur l'instruction publique, considéré dans son ensemble, suivi d'un projet de décret sur les principales bases du plan général », discours prononcé devant la Convention nationale, 20 décembre 1792.

Rouzet, Jacques-Marie, *Projet de constitution française*, Paris, Imprimerie nationale, 1793.

Saint-Fargeau, Louis Michel Le Peletier de, Plan d'éducation nationale présenté à la Convention par Maximilien Robespierre au nom de la Commission d'instruction publique, 13 juillet

1793, Imprimerie nationale.
Serre, Joseph, « Quelques réflexions sur l'instruction publique », décembre 1792.
Wollstonecraft, Mary, « Défense des Droits de la femme », 1792.

論文

Allen, Robert, « La justice pénale et les femmes, 1792–1811 », *Annales historiques de la Révolution française*, n° 350, octobre–décembre 2007.

Bernez, Marie-Odile, « Catherine Macaulay et Mary Wollstonecraft. Deux femmes dans le débat sur la Révolution française en Angleterre », A*nnales historiques de la Révolution française*, n° 344, avril–juin 2006.

Bonnet, Marie-Jo, « Femmes peintres à leur travail : de l›autoportrait comme manifeste politique (XVIIIᵉ–XIXᵉ siècles) », *Revue d'histoire moderne & contemporaine*, n° 49-3, mars 2002.

Blanc, Olivier, « Cercles politiques et salons du début de la Révolution (1789–1793) », *Annales historiques de la Révolution française*, n° 344, avril–juin 2006.

Fauré, Christine, « Doléances, déclarations et pétitions, trois formes de la parole publique des femmes sous la Révolution », *Annales historiques de la Révolution française*, n° 344, avril–juin 2006.

Gauthier, Florence, « Olympe de Gouges, histoire ou mystification ? », *Le Canard républicain*, septembre 2013.

Geffroy, Annie, « Louise de Kéralio-Robert, pionnière du républicanisme sexiste », *Annales historiques de la Révolution française*, n° 344, avril–juin 2006.

Godineau, Dominique, « De la gurrière à la citoyenne. Porter les armes pendant l›Ancien Régime et la Révolution française », *Clio. Histoire, femmes et sociétés*, 2004.

Boussy, Maïté, « Thérésia Cabarrus, de l›instruction des filles et de la Révolution », *Annales historiques de la Révolution française*, n° 344, avril–juin 2006.

Fayolle, Caroline, « Des insititurtices républicaines (1793–1799) », *Annales historiques de la Révolution française*, n° 368, avril–juin 2012.

Guillon, Claude, « Pauline Léon, une républicaine révolutionnaire », *Annales historiques de la Révolution française*, n° 344, avril–juin 2006.

Lapied, Martine, « Parole publique des femmes et conflictualité pendant la Révolution française, dans le sud-est de la France », *Annales historiques de la Révolution française*, n° 344, avril–juin 2006.

Martin, Jean-Clément, « Femmes et guerre civile, l›exemple de la Vendée, 1793–1796 », *Clio*, n° 5, janvier 1997.

Martin, Jean-Clément, « Femmes et politique en Provence XVIIIᵉ–XXᵉ siècles », *Provence historique*, numéro spécial, fasc. 186, 1996.

Sonnet, Martine, « L›éducation des filles à l›époque moderne », *Historiens et géographes*, 2006.

日本語文献案内

天野知恵子「1793年パリの革命婦人協会——民衆運動の一側面」『史学雑誌』第90編第６号、1981年、35〜57頁。

天野知恵子「フランス革命と女性」若尾裕司・栖原彌生・垂水節子編『革命と性文化』山川出版社、2005年、11〜40頁。

天野知恵子「「女性」からみるフランス革命——政治・ジェンダー・家族」近藤和彦編『ヨーロッパ史講義』山川出版社、2015年、126〜144頁。

植田祐次編『フランス女性の世紀——啓蒙と革命を通して見た第二の性』世界思想社、2008年。

小林亜子「フランス革命・女性・基本的人権——「公教育」と統合／排除のメカニズム」樺山紘一編『岩波講座 世界歴史 17 環大西洋革命』岩波書店、1997年、149〜184頁。

工藤庸子『評伝 スタール夫人と近代ヨーロッパ——フランス革命とナポレオン独裁を生き抜いた自由主義の母』東京大学出版会、2016年。

工藤庸子『政治に口出しする女はお嫌いですか？——スタール夫人の言論 VS ナポレオンの独裁』勁草書房、2018年。

柴田三千雄『フランス革命』岩波現代文庫、2007年。

柴田三千雄『フランス革命はなぜおこったか——革命史再考』山川出版社、2012年。

竹中幸史『図説 フランス革命史』河出書房新社、2013年。

遅塚忠躬『フランス革命——歴史における劇薬』岩波ジュニア新書、1986年。

辻村みよ子『ジェンダーと人権——歴史と理論から学ぶ』日本評論社、2008年。

アラン・ドゥコー著／渡辺高明訳『フランス女性の歴史』全４巻、大修館書店、1980年。

長谷川まゆ帆『女と男と子どもの近代』山川出版社、2007年。

リン・ハント著／西川長夫・平野千果子・天野知恵子訳『フランス革命と家族ロマンス』平凡社、1999年。

姫岡とし子「ジェンダーの視点からみたヨーロッパ近代の時代区分」『思想』1149号、2020年、73〜90頁。

平野千果子「市民としての女性——フランス女性参政権への迂余曲折」『現代思想』第23巻第12号、1995年、102〜114頁。

オリヴィエ・ブラン著／辻村みよ子監訳『オランプ・ドゥ・グージュ——フランス革命と女性の権利宣言』信山社、2010年。

ミシェル・ペロー監修『女の歴史 IV 十九世紀』藤原書店、1996年。

松浦義弘『フランス革命とパリの民衆「世論」から「革命政府」を問い直す』山川

出版社、2015年。
山﨑耕一『フランス革命——「共和国」の誕生』刀水書房、2018年。

Cet ouvrage a bénéficié du soutien du Programme d'aide à la publication de l'Institut français de Paris.

本作品は、アンスティチュ・フランセパリ本部の出版助成プログラムの助成を受けています。

女性たちのフランス革命

2022年1月15日　初版第1刷発行

著　者――――クリスティーヌ・ル・ボゼック
訳　者――――藤原翔太
発行者――――依田俊之
発行所――――慶應義塾大学出版会株式会社
〒108-8346　東京都港区三田2-19-30
TEL　〔編集部〕03-3451-0931
〔営業部〕03-3451-3584〈ご注文〉
〔　〃　〕03-3451-6926
FAX　〔営業部〕03-3451-3122
振替　00190-8-155497
https://www.keio-up.co.jp/
装　丁――――成原亜美（成原デザイン事務所）
組　版――――株式会社キャップス
印刷・製本――中央精版印刷株式会社
カバー印刷――株式会社太平印刷社

Printed in Japan ISBN978-4-7664-2794-3